Hariet Kirschner, Simon Forstmeier, Bernhard Strauß
Das Lebensrückblickgespräch

Therapie & Beratung

Hariet Kirschner, Simon Forstmeier, Bernhard Strauß

Das Lebensrückblickgespräch

Hintergründe, Wirkungsweise und praktische Anleitung

Psychosozial-Verlag

Bibliografische Information der Deutschen Nationalbibliothek
Die Deutsche Nationalbibliothek verzeichnet diese Publikation
in der Deutschen Nationalbibliografie; detaillierte bibliografische Daten
sind im Internet über http://dnb.d-nb.de abrufbar.

Originalausgabe

info@psychosozial-verlag.de
www.psychosozial-verlag.de

Umschlagabbildung: Doris Leue (Berlin), *Struwenberg*, 2021
Umschlaggestaltung und Innenlayout nach Entwürfen von Hanspeter Ludwig, Wetzlar
ISBN 978-3-8379-3195-2 (Print)
ISBN 978-3-8379-7869-8 (E-Book-PDF)

Inhalt

Vorwort

Dieses Buch dokumentiert das Kernergebnis eines mehrjährigen Forschungsvorhabens zum Thema Lebensrückblick, das im Rahmen eines Verbundprojektes namens VorteilJena am Institut für Psychosoziale Medizin, Psychotherapie und Psychoonkologie der Universität Jena gefördert wurde. *VorteilJena* steht für »Vorbeugen durch Teilhabe in der Region um Jena«. Das Projekt wurde von 2014 bis 2018 vom Bundesministerium für Bildung und Forschung (BMBF) finanziell gefördert (Förderkennzeichen 01KK1401A-C) mit dem Ziel, mehr soziale Teilhabe mit wissenschaftlich erprobten Praxishilfen für ein gesundes Lernen, Arbeiten und Altern zu erreichen (u. a. Berger et al., 2019; Schwager et al., 2019; Kracke et al., 2019; Berkemeyer et al., 2020; Nolte et al., 2018).

Das Teilprojekt mit dem Titel *Erinnern, erzählen, dabei sein* im Projektbereich »Gesund Altern« sollte die Teilhabe älterer Menschen durch Lebensrückblickgespräche fördern: Im höheren Alter erhalten die Beschäftigung mit der eigenen Vergangenheit und das Bedürfnis, lebensgeschichtliche Erinnerungen im Gespräch mit anderen Personen zu teilen, eine besondere Bedeutung. Der gegenseitige Austausch in Gesprächen und das gemeinsame Durchgehen von persönlichen Erinnerungen aus vergangenen Lebensabschnitten tragen in einem hohen Maße dazu bei, Wohlbefinden und Zufriedenheit in dieser Lebensphase zu steigern. Dies konnte bereits in unterschiedlichen wissenschaftlichen Studien belegt werden (vgl. Kap. 1 & 2). Somit war es ein langfristiges Ziel des Teilprojektes *Erinnern, erzählen, dabei sein*, die Integration von Lebensrückblickgesprächen in die Seniorenarbeit zu fördern, womit der Erinnerungsarbeit zugleich eine höhere Bedeutung im niederschwelligen psychosozialen Betreuungsbereich älterer Menschen zukommen sollte. Mit dem Buch wollen wir Multiplikator*innen in der Seniorenarbeit (z. B. in Senioreneinrichtungen, Begegnungszentren, Sozialen Trägern etc.) Materialien zur Durchführung von Lebensrückblickgesprächen zur Verfügung stellen. Diese Lebensrückblicke können auch für den Austausch zwischen den Generationen genutzt werden. Beispielsweise könnten durch die Einrichtung von Erzählcafés die Akzeptanz und das gegenseitige Interesse von Menschen verschiedener Generationen gestärkt und Vorurteilen entgegenwirkt werden.

Wofür und für wen ist dieses Buch gedacht?

Die Verwendung des vorliegenden Buches ist vor allen Dingen als *Praxishilfe* für die Aneignung sowie regelmäßige Anwendung der Methode des Lebensrückblickgesprächs[1] im Bereich der Altenarbeit gedacht. Die dargestellten Materialien – ein *Manual* zur leichten Erarbeitung der Methode und der dazugehörige *Gesprächsleitfaden samt Arbeitsblättern* – sind speziell für die Anwendung in psychosozialen und sozialen Handlungsfeldern vorgesehen (Kap. 3). Diese wurden hinsichtlich ihrer gesundheits- und teilhabebezogenen Wirksamkeit innerhalb des erwähnten Forschungsprojektes evaluiert. Die Ergebnisse der Evaluation finden sich in Kapitel 4 des Buches.

Das hier zur Verfügung gestellte Material beinhaltet konkret eine *Anleitung zur Durchführung von Lebensrückblickgesprächen* in unterschiedlichen Bereichen bzw. in unterschiedlichen Settings inkl. einer digitalen Version des Lebensrückblickgespräches. Darin werden die Rahmenbedingungen sowie die Hintergründe zur Gesprächsführung und zum Ablauf der einzelnen Gespräche beschrieben. Mit dem Gesprächsleitfaden werden speziell entwickelte Fragestellungen innerhalb einzelner Kategorien als Gesprächsgerüst für das individuelle Gespräch dargeboten (vgl. Kap. 5).

Ein einführendes Verständnis der Themen *Erinnern und Erzählen* und der *Arbeit mit dem Lebensrückblick* soll das erste Kapitel des Buches vermitteln. Es folgt eine Einordnung des Lebensrückblicks als Forschungsgegenstand mit einigen Ergebnissen zur Wirksamkeit der Methode. Dabei wird speziell auch auf die *identitäts-, gesundheits- und teilhabebezogenen Aspekte*

1 Der Begriff *Lebensrückblickgespräch* wird vor allem in der englischsprachigen Literatur häufig mit der Bezeichnung *Lebensrückblickinterview* gleichgesetzt bzw. synonym verwendet. Wir haben uns in diesem Buch für die Verwendung der Bezeichnung *Lebensrückblickgespräch* entschieden, da diese dem von uns methodisch Gemeinten nähersteht.

eingegangen, da diese Themen im Mittelpunkt der Arbeit mit dem Lebensrückblick bei älteren Menschen stehen.

Diese Anleitung ist für Personen gedacht, die sich in ihrer Beschäftigung mit älteren Menschen eine praxisnahe und in ihrer Komplexität vereinfachte Version des Lebensrückblickgespräches aneignen möchten. Damit lässt sich das hier auf lediglich *drei Gesprächseinheiten* reduzierte Lebensrückblickgespräch in unterschiedlichen Kontexten und Settings einfach zugänglich aufgreifen: Es ist in Altenpflegeeinrichtungen, geriatrischen Stationen, Seniorentreffs ebenso geeignet wie in der eigenen häuslichen Umgebung. Eine grundsätzliche Vorbildung und Bewandtnis im psychosozialen Umgang mit älteren Menschen sollte die Voraussetzung für die Durchführung eines Lebensrückblickgespräches auf Grundlage dieses Manuals bilden.

Wir hoffen, mit der Veröffentlichung dieses kleinen Manuals den Personen, die in den vergangenen Jahren reges Interesse an der Methodik geäußert haben, etwas Nützliches an die Hand zu geben und hoffen natürlich auch, dass das Lebensrückblickgespräch im Kontext des Bemühens um Teilhabe älterer Menschen häufig und gewinnbringend angewandt wird.

An dem eingangs erwähnten Forschungsprojekt waren neben dem Koordinator des gesamten Verbundprojektes (apl. Prof. Dr. U. Berger) folgende Personen beteiligt, denen wir auf diesem Wege noch einmal herzlich danken wollen: Als wissenschaftliche Projektmitarbeiter*innen waren dies Sashi Singh, Anna Zimmermann und Wladislaw Mill. Als wissenschaftliche Hilfskräfte und Qualifikant*innen waren beteiligt: Viola Kaspar, Lena Richter, Lisa Welther-Hübschmann und Elisabeth Klapper.

Unser Dank gilt auch den teilnehmenden Einrichtungen der AWO Jena-Weimar und Diakonie Ostthüringen, die an der Anpassung der Lebensrückblickmaterialien an die Erfordernisse der Praxis beteiligt waren und die Evaluation der Materialien unterstützt haben. Schließlich danken wir dem Psychosozial-Verlag für die Unterstützung bei der Realisierung der Veröffentlichung des Manuals.

Jena, Siegen, im Mai 2022
Hariet Kirschner, Simon Forstmeier & Bernhard Strauß

1 Autobiografisches Erinnern und Erzählen im Lebensrückblick

Erinnern, Erzählen und Zuhören von Geschichten gehören für uns seit jeher zu einer kulturell geprägten Selbstverständlichkeit. Seit dem 19. Jahrhundert erhielt auch das autobiografische Erzählen als eine Form der Selbstthematisierung im westlichen Kulturkreis stärkere Bedeutung. Der Begriff *Autobiografie* setzt sich aus den Wortteilen *auto* (Selbst), *bios* (Leben) und *graphia* (Beschreibung) zusammen und meint damit die Selbstbeschreibung des (eigenen) Lebens.

Innerhalb unterschiedlicher alltags- und berufspraktischer Bereiche wird dem Erinnern und Schreiben der eigenen Biografie eine große Bedeutung zugesprochen. Auf der einen Seite wächst der Anteil von kommerziellen und sozialpraktischen Angeboten zum autobiografischen Schreiben. Das Heranziehen eigener biografischer Erinnerungen wird dazu als Grundlage zum Verfassen literarischer Abhandlungen herangezogen und diese Fähigkeit wird innerhalb von Seminaren oder mittels mannigfaltiger Sachbücher vermittelt (z.B. Dörrie, 20219; Schreiber, 2022). Ebenso laden viele Angebote ein, das Schreiben als Selbsthilfemaßnahme einzuüben (Winkler, 2016; Ortheil, 2013 u.v.a.). Auf der anderen Seite wird der Umgang mit Erzählungen auch in privaten und in öffentlichen Kontexten als eine grundlegende Fähigkeit vorausgesetzt (Löffler, 2005). Im privaten Bereich erzählen wir innerhalb unserer Familien-, Freundes- oder Bekanntenkreise selbstinitiiert und teilweise bewusst pointierend Episoden unseres Lebens. In beruflichen Situationen werden spezifische Teilbereiche unseres Lebens zusammenhängend konstituiert und wiedergegeben (beispielsweise in der Darstellung der berufsbezogenen Biografie in Vorstellungsgesprächen). So werden die Erfahrungen der eigenen Lebensgeschichte wiederkehrend zu Quellen von Erzählungen und je nach Anlass fühlen wir uns dazu aufgefordert, eine passende Erzählung über uns selbst zu verfassen. Diese kann, in Abhängigkeit davon, wer uns fragt und welchen Teil des Lebens man von uns erfahren möchte, aus voneinander abweichenden Erzählfragmenten bestehen. Durch das Zusammensetzen der Erinnerungen entsteht unsere persönliche *Lebens- und Erlebensgeschichte*, die wir in der Beschreibung und Erzählung aufleben lassen.

Autobiografisches Erzählen kann viele Funktionen einnehmen. Birren und Cochran (2001) differenzieren dieses in die Funktionen zur Schaffung eines Vermächtnisses für Familienmitglieder, zur Bewältigung von Lebensübergängen, zur Förderung von persönlichem Wachstum und Entwicklung, der Entwicklung eines Zugehörigkeitsgefühls, dem Leisten eines Beitrags zur Geschichtsschreibung (i. S. der Oral History, vgl. von Plato, 1991) oder sehen einen Sinn einfach darin, den Reiz der Selbstexploration zu genießen. Fast alle diese Funktionen sind im Kontext von Lebensrückblickgesprächen mit Älteren ebenfalls bedeutsam.

Psychologische Modelle zur Funktionsweise von Erinnerungen verdeutlichen, dass wir dafür in unserem *Langzeitgedächtnis* auf *explizites Wissen*, also auf konkret formulierbares Wissen und Erinnerungen, zurückgreifen. Diese befinden sich in dem *deklarativen Teil* des Langzeitgedächtnisses. Hier werden semantische und episodische Gedächtnisinhalte über das eigene Leben gespeichert, von wo aus sie bewusst erinnert werden können. Eine besondere Bedeutung für die autobiografische Rekonstruktion haben die *episodischen Gedächtnisinhalte*, in denen das Allgemeinwissen, die persönlichen Erfahrungen und individuellen Erlebnisse bewahrt werden. Auch wenn davon auszugehen ist, dass die episodischen Gedächtnisinhalte permanent transformiert und bearbeitet werden, stellen diese die Kernelemente der Erzählungen über die eigene Person dar (vgl. Markowitsch & Welzer, 2005). Für diese Erinnerungen ist kennzeichnend, dass sie eine identitätsstiftende Funktion haben (Fischer-Rosenthal, 2000) und damit für die Konstituierung unserer Persönlichkeit maßgeblich verantwortlich sind (Pohl, 2007). Beim autobiografischen Erinnern besteht die Besonderheit, dass wir uns an etwas Selbst-Erlebtes oder Selbst-Wahrgenommenes erinnern bzw. zu erinnern glauben.[2] Siri Hustvedt beschreibt es folgendermaßen:

---

2 In der psychotherapeutischen Traumaforschung (vgl. Quindeau, 2019) wird das *Konzept der Nachträglichkeit* (entwickelt durch S. Freud, aufgegriffen durch Laplanche & Pontalis, 1989) als eigene Kategorie verstanden, in der das Erinnerte, also die Art, wie Erfahrungen verarbeitet werden, für sich genommen Bedeutung trägt. Somit gelten die ursächlichen Ereignisse nicht als das Determinierende, sondern die Übersetzung des Ereignisses in der

> »[D]as episodische Gedächtnis lässt nebensächliche Informationen weg zugunsten einer reduzierten, aber hocheffizienten, stark auf Wörtern beruhenden Version dessen, was geschah. Das episodische Gedächtnis wird dann Teil dessen, was Antonio Damasio [ein neurowissenschaftlicher Bewusstseinsforscher, 2011] ›autobiographisches Gedächtnis‹ nennt also die andauernde Erzählung des Selbst. Es ist das episodische Gedächtnis, das ›ich‹ sagt, ›ich erinnere mich‹« (Hustvedt, 2014, S. 336).

In der Betrachtung von Erinnerungen muss man die Erkenntnisse aus der neurobiologischen und sozialwissenschaftlichen Forschung miteinbeziehen. Beide Forschungsrichtungen gehen von der Annahme aus, dass es sich bei dem Erinnerten häufig nicht um vornehmlich wahre »Fakten« bzw. die »Wahrheit« handeln kann, sondern, dass sich das Erinnerte aufgrund unterschiedlicher kognitiver und sozialer Bedingungen im Laufe der Zeit verändert. Was erinnert oder was vergessen wird, können wir daher nicht bewusst steuern. Maurice Halbwachs (1985) geht in seiner Gedächtnistheorie davon aus, dass sich das Gedächtnis »sozial konstruiert«, das heißt, es spiegelt sich immer in Zusammenhang mit seinem sozialen Rahmen wider, in dem es die Erinnerungen über die Zeit hinweg tradiert und verändert. Es gibt also kein universell feststehendes Gedächtnis, sondern immer nur ein kollektives, also gruppenspezifisches oder »identitätskonkretes« Gedächtnis. Insofern unterziehen sich auch die Erinnerungen einem Wandel über die Zeit und innerhalb des Raumes, den man mit anderen Menschen teilt (Assmann, 1992). Psycho-neurobiologische Studien zeigen, dass sich das Erinnerte über die Zeit verändert und sich zum Teil auch als »falsche Erinnerungen« (Kühnel & Markowitsch, 2009) im Gedächtnis festsetzen kann. Diese »falschen Erinnerungen« können unterschiedliche Auswirkungen und verschiedene Funktionen auch im Verständnis der Identität einer Person haben.

Um gezielt Erinnerungen anzuregen, können eigens dafür geschaffene konzeptionelle Formate bewusst Prozesse aktivieren und dazu beitragen, das eigene Leben zu rekapitulieren. Zusammengefasst werden diese Formate unter dem Begriff *Lebensrückblickinterventionen* (Maercker & Forstmeier, 2013). Diese können in unterschiedlichen Kontexten ihre Anwendung finden, etwa im Zweiergespräch oder in Gruppen (z. B. Pot &

Erinnerung wird für das Symptom als ursächlich verstanden. Durch die Umarbeitung der Erinnerung wird dieser neue Sinn zugeschrieben.

von Asch, 2013; Wong & Watt, 1991; Haight & Haight, 2007), aber sie können auch selbstständig in schriftlicher Form realisiert werden. Auch in psycho- und sozialtherapeutischen bzw. pädagogischen Kontexten werden autobiografische Erinnerungen in Lebensrückblickinterventionen oftmals als Ausgangspunkt für die persönliche Auseinandersetzung mit der eigenen Biografie genutzt. Diese finden gerne in der Arbeit mit älteren und alten Menschen ihre Anwendung. Mit dem Heranziehen von Lebensrückblickinterventionen lassen sich zudem gesundheitsfördernde und gesellschaftlich integrative Wirkungen erzielen. Auf die positiven Wirkungen von Lebensrückblickinterventionen soll in Kapitel 2 kurz eingegangen werden. Hier sollen die Hintergründe und die Wirkungsweise dieser bezüglich der sozialen, psychischen und physischen Gesundheit dargelegt werden.

Um einführend einen Einblick in die Differenzierung unterschiedlicher Erinnerungsformen zu erhalten, werden im Folgenden die unterschiedlichen Erinnerungsstile und Formen von Lebensrückblickinterventionen hinsichtlich ihrer Anwendungs- und Wirkungszusammenhänge vorgestellt. Dabei soll deren Anwendung vor allem mit älteren und alten Menschen Beachtung finden.

1.1 Erinnerungsstile

Die Art und Weise wie Menschen sich an autobiografische Erlebnisse aus der Vergangenheit erinnern, kann sich stark unterscheiden. Es lassen sich unterschiedliche Erinnerungsstile (Wong & Watt, 1991; Webster, 1993) unterscheiden, die hier im Folgenden aufgezählt werden. Wong und Watt (1991) benennen dabei sechs verschiedene Erinnerungsstile:

- *Integrativer Erinnerungsstil:* Dabei ist man in der Lage, sowohl positive als auch negative Erlebnisse in der biografischen Beschreibung zu integrieren. Das beinhaltet zum Beispiel, dass positive Erfahrungen als Quelle von Ressourcen wahrgenommen werden und negative Erfahrungen als ebenso wichtig für die eigene Reifung akzeptiert werden können. Auf diese Weise ist man in der Lage, sich mit der gegenwärtigen Lebenssituation auszusöhnen und diese akzeptierend zu betrachten.
- *Instrumenteller Erinnerungsstil:* Menschen, die zu diesem Stil neigen, können frühere schwierige Erfahrungen als Herausforderungen deuten und schätzen die Bewältigung dieser als wertvoll ein. Da-

durch können aus den früheren Erfahrungen Problemlösestrategien für herausfordernde Aspekte in der aktuellen Lebensphase abgeleitet werden.

- *Obsessiver Erinnerungsstil:* In dieser Weise über das Leben zu reflektieren, bedeutet, dass man über negative Erlebnisse repetitiv grübelt, ohne je zu einem Ergebnis zu gelangen. Dieser Zustand wird häufig von Niedergeschlagenheit, Verbitterung oder Schuldgefühlen begleitet und somit als sehr belastend empfunden.
- *Eskapistischer Erinnerungsstil:* Hierbei sind die Gedanken in der Vergangenheit verortet. Diese wird als durchweg positiv bewertet, während die Gegenwart gleichzeitig stark abgewertet wird. Dabei verhaftet man in der Erinnerung der »guten Vergangenheit«, während man dem »Hier und Jetzt« nichts Positives abgewinnen kann.
- *Narrativer Erinnerungsstil:* Bei diesem erzählerischen Erinnerungsstil findet das Erzählen meist ohne Interpretationen oder positive bzw. negative Bewertungen statt. Es wird ein anekdotischer Erzählstil ohne emotionale Einfärbung gewählt.
- *Transmissiver Erinnerungsstil:* Während des Erzählens geht es hierbei vor allem darum, anderen Menschen aus dem eigenen Leben zu erzählen, um eigene Erkenntnisse, Lehren oder »kulturelle Erbschaften« weiterzugeben. Als Beispiel lassen sich hier historisch einordnende Erzählungen im Sinne der Oral History nennen.

Forschungsprojekte, die sich mit diesen Erinnerungsstilen befasst haben, konnten zeigen, dass für das psychische Wohlbefinden stark ausgeprägte integrative und instrumentelle Erinnerungsstile sowie schwach ausgeprägte obsessive und eskapistische Erinnerungsstile wichtig sind (Cappeliez et al., 2005). Der narrative und der transmissive Erinnerungsstil haben keine direkte Auswirkung auf das Wohlbefinden, sie hängen aber positiv mit diesem zusammen, wenn integrative und instrumentelle Elemente in den Gesprächen genutzt werden.

1.2 Formen von Lebensrückblickinterventionen

Wegen der positiven Wirkung der benannten Erinnerungsstile auf das Wohlbefinden lag es nahe, darauf aufbauend Interventionen zu entwickeln, die gesunde Erinnerungsstile fördern und ungesunde reduzieren. Robert

N. Butler gilt als Pionier im Einsatz und in der Erforschung von Lebensrückblickgesprächen. Er beschrieb als Erster, dass das Erinnern (auch Reminiszieren genannt) eine wichtige Rolle beim erfolgreichen Altern spielt. Zur Erforschung des Lebensrückblicks setzte er diesen vor allem im gerontologischen Bereich ein. Den Lebensrückblick beschreibt er als einen *Prozess des Erinnerns, Bewertens und Integrierens von Lebenserfahrungen.* Dieser Prozess trägt dazu bei, die Errungenschaften der Ich-Integrität (vgl. Kapitel 1.3.2) am Ende des Lebens zu unterstützen (Butler, 1963, 1974). Lebensrückblickinterventionen wurden seitdem innerhalb unterschiedlicher Gebiete und in unterschiedlichen Varianten eingesetzt.

Es lassen sich verschiedene Formen von Lebensrückblickinterventionen unterscheiden. Grundsätzlich kann man *unstrukturierte/spontane* und *strukturiertere Formen* differenzieren. Die *unstrukturierten Formen* dienen der Aktualisierung von Problemen, von Ressourcen oder allgemein als Anknüpfungspunkte für Gespräche. Diese haben mit den strukturierten Formen gemeinsam, dass sie eine zentrale Rolle bei den konkreten Erinnerungen haben. Bestimmte Themen werden detailreich mithilfe von Bildern oder sonstigen Erinnerungsgegenständen besprochen. Bei der *strukturierten Form* der Lebensrückblicktherapie wird jedoch die Biografie in mehreren aufeinanderfolgenden Gesprächen anhand eines »roten Fadens« von der frühesten Kindheit bis zur aktuellen Lebensphase durchgegangen (Maercker & Forstmeier, 2013). Innerhalb dieser Spanne – zwischen strukturierten und unstrukturierten Formen – lassen sich drei soziotherapeutische bzw. therapeutische Varianten voneinander abgrenzen: das *einfache Erinnern*, die *Biografiearbeit* und der *strukturierte Lebensrückblick* (ebd.).

1.2.1 Einfaches Erinnern

Das *einfache Erinnern* ist eine recht unstrukturierte, das heißt keine chronologische, die Lebensereignisse nacheinander aufbauende Form des Erinnerns, sondern hier geht es hauptsächlich um das Zusammentragen und Austauschen von punktuellen Erinnerungen im Leben. Es stehen Beschreibungen der Vergangenheit sowie gemeinsames Sammeln und Sprechen über Lebensthemen im Vordergrund. Dies geschieht häufig im spielerischen Kontext (Schmidt, 2020). Oft wird diese Form im Zusammenhang mit sozialtherapeutischen Arbeiten mit älteren Menschen gewählt. Speziell gewählte Themen im Gruppenkontext dienen dem Aktivieren von

Erinnerungen und dem gegenseitigen Austausch. Beispielhafte Themen können hier der ehemalige Schulweg, Lieblingsspielzeug in der Kindheit oder vergangene Urlaubsreisen sein. Gerne zieht man dazu auch Fotos, Erinnerungsstücke oder Bücher zur besseren Erinnerungsfähigkeit heran. Dabei soll die Aktivität gesteigert oder Erfolgserlebnisse vor allem bei dementiellen Personen erreicht werden.

1.2.2 Biografiearbeit

Eine sozialtherapeutisch häufig genutzte Form ist die Biografiearbeit (einen Überblick zur Biografiearbeit bieten unterschiedliche Werke, u. a. Osborn et al., 1997; Geberen & Kopinitsch-Berger, 1998; Schweitzer & Errollyn, 2010, Gudjons et al., 2020). Diese legt den Fokus auch auf das Durchsprechen unterschiedlicher Lebensphasen und konkreter Erlebnisse. Dabei wird diese Form vor allem hinsichtlich ihrer Funktion aufgegriffen, der erzählenden Person als Experte bzw. Expertin *Anerkennung* ihrer eigenen Lebenserfahrungen zu zollen und dem jeweiligen individuellen Lebensweg *Wertschätzung* entgegenzubringen (Maercker & Forstmeier, 2013). Die Biografiearbeit hat für den bzw. die Erinnernde/n darüber hinaus das Ziel, die eigene Lebensgeschichte zu rekonstruieren und die Erinnerungskompetenz zu stärken. Aber auch, um in der aktuellen Lebensphase bei den Anwendenden neue Anhaltspunkte für die Aktivitätsgestaltung und Kommunikation zu knüpfen. Somit findet diese Erinnerungsform auch in der Kinder- und Jugendarbeit ihre Anwendung (z. B. im Pflegekinder- oder Heimkinderwesen), wird jedoch ebenso häufig mit Älteren durchgeführt (Osborn et al., 2012).

1.2.3 Das Lebensrückblickgespräch

Das Lebensrückblickgespräch ist eine strukturierte Form der Reminiszenz. Es wird im Dialog mit einer fragenden sowie zuhörenden Person durchgeführt und weist eine eindeutige therapeutische Orientierung auf, insofern ein hilfreicher Erinnerungsstil eingeübt und ein dysfunktionaler abgebaut werden kann. Mit dieser Methode wird auch die Neubewertung von Vergangenem angestrebt, sodass eine Bearbeitung ungelöster früherer Konflikte beim Erzählenden stattfinden kann. Durch seine ausführliche und systematische Art und Weise, vom Zeitpunkt der Geburt an das Leben zu rekapitulieren, regt es ebenfalls zur Einnahme neuer und ggf. positiverer Sichtweisen auf dieses an (Rybarczyk & Bellg, 1997). Dabei nutzt das Lebensrückblickgespräch implizit die naturgegebene Neigung des Menschen, seine Geschichten über die bedeutungsvollsten Erfahrungen seines Lebens mit anderen zu teilen. Der Erzählfluss wird dabei vor allem auf positive Emotionen und Bewältigungserfahrungen gelenkt. Mit diesem Vorgehen wird die Integration von Lebensereignissen durch die Einnahme einer kohärenten Sicht auf die eigene Person gefördert (Haight & Haight, 2007; Maercker & Forstmeier, 2013). Als charakterisierend gilt, dass es hier explizit erwünscht ist, Gefühle und gefühlsmäßige Bewertungen einzubringen, ebenso Selbstreflexionen und Bilanzierungen sowie das Einbeziehen von positiven als auch negativen Reminiszenzen (Maercker & Forstmeier, 2013).

Auf diese zuletzt benannte Form beziehen sich die hier im Folgenden dargebotenen *Handhabungen zur konkreten Umsetzung eines Lebensrückblickgesprächs* in der Praxis. Die eben dargestellten positiven Effekte der Durchführung wurden explizit für eine niederschwellige Anwendung im sozialpädagogischen Kontext angepasst, in einem Pilotprojekt in unterschiedlichen Anwendungsfeldern eingesetzt und wissenschaftlich evaluiert. So ist die Methode auf eine zugängliche Art und Weise neu aufbereitet, ansprechend dargestellt und sowohl für Laien als auch für soziopädagogisch geübte Anwender*innen eigenständig leicht erlernbar. Der Personenkreis, für den die Anwendung des Materials sinnvoll erscheint, lässt sich beliebig auf weitere am biografischen Arbeiten interessierte Personen ausweiten, so bspw. auch auf Familienangehörige, Menschen aus dem Bekannten- und Freundeskreis oder auf entferntere betreuende Personen in Senioreneinrichtungen. Es ist mithilfe der Materialien möglich, entsprechend angemessene Haltungen innerhalb der Praktik des Lebensrückblickgesprächs einzuüben und mithilfe des ebenfalls enthaltenen Gesprächsleitfadens – vor allem während der ersten Berührungen mit der Methode – Sicherheit in der Strukturierung der Gespräche zu erhalten.

Im Folgenden sollen zwei Aspekte knapp thematisiert werden, wodurch der Praktik des Erinnerns und Erzählens eine gesteigerte Bedeutung zukommt. Zum einen rückt, mit der fortwährenden Verschiebung der Bevölkerungsanteile hin zu höher- und hochaltrigen Personen, die Bedeutung dieser Altersgruppe verstärkt in den Fokus. Zum anderen ist die Auseinandersetzung mit der eignen Vergangenheit und der Bewältigung dieser –

durch Integration auch teils negativer Erlebnisse – eine Herausforderung, die jeden Menschen im Bereich seiner Persönlichkeitsentwicklung betrifft.

1.3 Erinnern als psychosoziale Entwicklungsaufgabe im Alter

1.3.1 Demografischer Wandel und Bewältigungsaufgaben im höheren Alter

Die Anzahl der älteren und alten Menschen – mit »älteren Menschen« sind hier Personen gemeint, die über 65 Jahre alt sind, »alte Menschen« sind über 80 Jahre alte Personen (diese Einteilung entspricht auch der Altersgruppeneinordnung des Statistischen Bundesamtes) – nimmt mit Blick auf den demografischen Wandel in unserer westlichen Gesellschaft dauerhaft zu. Vor allem der Anteil der Bevölkerung in einem Alter von über 80 Jahren wird sich in Deutschland mehr als verdoppeln. Bis zum Jahr 2060 wird diese Bevölkerungsgruppe je nach Berechnung zwischen 9 % und 13 % der Gesellschaft ausmachen, Personen ab dem Alter von 67 Jahren werden dann insgesamt zu einem Anteil von 24 % bis 30 % der Gesamtbevölkerung in Deutschland leben (vgl. Statistisches Bundesamt, 2019). Diese Tendenz macht es unerlässlich, sich mit den damit einhergehenden Erfordernissen auseinanderzusetzen und sich dieser Bevölkerungsschicht stärker zuzuwenden. Dies lässt sich im psychosozialen Bereich u. a. auch durch das zur Verfügung stellen geeigneter die Gesundheit und das Wohlergehen steigernder Handreichungen erreichen.

Eine zusätzliche Tendenz in unserer westlichen Gesellschaft ist es, dass die den Lebensweg bestimmende Verantwortung im Allgemeinen (Beck, 1986), aber auch hinsichtlich des sozialen und gesundheitlichen Wohlergehens, mehr und mehr auf das einzelne Individuum übertragen wird und dieses somit verstärkt in Abhängigkeit von individuellen, sozialen und ökonomischen Ressourcen oder auch Bildungszugängen steht (vgl. Franzese, 2020; Stroß, 2018). Von diesem Hintergrund ausgehend stellt sich zudem für viele ältere Menschen persönlich die Frage, wie sie mit der verbleibenden Lebenszeit im letzten Lebensabschnitt umgehen und wie sie diese für sich zukünftig entwerfen wollen (Denninger et al., 2014). Fragen wie zum Beispiel, wo man im Alter leben möchte (z. B. hinsichtlich einer verfügbaren Wohnform oder Nähe zur Familie) und wie sich diese letzten

Lebensjahre gestalten lassen (hinsichtlich der eigenen Interessen oder der Teilnahme am gesellschaftlichen Leben), hängen mit dem persönlichen Lebensstil aus der Vergangenheit zusammen, betreffen die aktuelle gesundheitliche Befähigung und auch das Selbstbild, das die Person von sich innehat (Wallner, 1987).

Eine wichtige Rolle spielt auch die mit dem Lebens- bzw. Wohnumfeld assoziierte Thematik der Integration dieser Bevölkerungsgruppe. Ältere und alte Menschen leben häufig fernab ihrer Familien, wohnen bevorzugt entweder im Eigenheim (Au & Sowarka, 2013) oder – mit zunehmenden Schwierigkeiten in der Alltagsbewältigung – in Seniorenunterkünften bzw. in Pflegeheimen (Tesch-Römer & Engstler, 2020). Mit dieser Entwicklung geht einher, dass sich vor allem die hochaltrigen Personen einsam fühlen können, bis hin zu einem Gefühl des Isoliertseins (Dykstra, 2009). Einsamkeit und Isolation haben wiederum einen maßgeblichen Einfluss auf die Gesundheit und das Wohlbefinden. In der Folge kann dies gravierende Ausmaße wie erhöhte Sterblichkeit (Patterson, 2010), Depressionen (Heikkinen & Kauppinen, 2004) oder kognitiver Abbau (Wilson et al., 2007) annehmen. Zur Aufgabe der Bewältigung dieser und weiterer relevanter Aspekte des »Alters« sowohl für die Gesellschaft (Umgang mit dem demografischen Wandel, erhöhtes Risiko psychischer und physischer Erkrankungen älterer und alter Menschen) als auch für den Einzelnen (Umgang mit der persönlichen Vergangenheit, Planung und Gestaltung der neuen Lebensphase), kann das Durchführen eines Lebensrückblickgesprächs einige unterstützende Effekte und Antworten bieten (s. Kap. 2).

1.3.2 Persönlichkeitsentwicklung im Alter durch Biografiearbeit und Lebensrückblick

Um die Lebensphase des höheren Alters für sich auf gelingende Weise zu gestalten, ist der Blick in die Vergangenheit und damit auf das eigene Gewordensein von großer Bedeutung. Die Perspektive auf die eigene Lebensgeschichte lässt sich auf die Gegenwart und die Zukunft projizieren. Durch die Betrachtung der Vergangenheit lassen sich Kernelemente und Präferenzen der persönlichen Lebensgestaltung und Eigenschaften der eigenen Person erfahrbar machen, die wiederum auf derzeitige und zukünftige Potenziale und Möglichkeiten verweisen.

Folgt man dem achtstufigen Modell der psychosozialen Persönlichkeitsentwicklung des Entwicklungspsychologen Erik Erikson, so ist der Mensch in seinen letzten Lebensjahren mit der Aufgabe konfrontiert, eine akzeptierende Haltung zum gelebten Leben einzunehmen. Erikson beschreibt dies mit dem Konzept der *Ich-Integrität* als die höchste Form der persönlichen Reife (Erikson, 1959). Die Persönlichkeitsentwicklung kann nach Erikson in jeder neuen Lebensphase potenziell in einer Krise münden, aber auch einen radikalen Wechsel der eigenen Perspektiven einleiten. Wenn die Person die eigene Vergangenheit im letzten Lebensabschnitt annehmen kann, wird die Herausforderung dieser Entwicklungsstufe erfolgreich gelöst. In der Phase des höheren Alters sollte die Person es schaffen, dem Leben und damit auch dem eigenen Tod gegenüber eine akzeptierende Haltung entgegenzubringen.

Maercker (2002) formulierte auf der Basis seiner traumapsychotherapeutischen Untersuchungen im Einsatz von Lebensrückblickinterventionen bei älteren Menschen drei Funktionen, die das Erlangen von Ich-Integrität im Erikson'schen Sinne unterstützen. Diese fasst er in die Funktionen der *Gedächtniselaboration*, des *Bilanzierens* und der *Sinngebung* zusammen.

Beim *Bilanzieren* von Erinnerungen sollen vor allem die positiven über die negativen Erinnerungen dominieren. Dabei wird sowohl auf Bewältigungserfolge als auch auf positive Erlebnisse und Fähigkeiten fokussiert, wodurch der bewusste Zugriff auf die Erinnerungen verbessert werden kann.

Das *Elaborieren* führt zu einer verbesserten Verarbeitung von Erlebnissen, indem traumatische Episoden innerhalb des Lebens in einer Geschichte erzählbar werden.

Neue Sichtweisen *(Sinngebung)* werden angeregt, indem subjektive Erfahrungen aktualisiert werden – denn die Auseinandersetzung mit traumatischen Erfahrungen kann auch positive Veränderungen bewirken, wie das Erleben von innerer Stärke oder das Verändern von Werten.

2 Wirksamkeit von Lebensrückblickinterventionen

Das Erinnern, Besprechen und Dokumentieren von Lebensereignissen kann unterschiedliche persönliche und soziale Bereiche der sich erinnernden Person beeinflussen. So haben Erinnerungen eine wichtige Bedeutung bei der Entwicklung der Identität einer Person. Auswirkungen von Lebensrückblickinterventionen auf Indikatoren der psychischen und körperlichen Gesundheit, aber auch integrative und teilhabefördernde Wirkungen, sind mittlerweile empirisch untersucht worden. Inzwischen werden Lebensrückblickinterventionen in verschiedenen Bereichen und bei unterschiedlichen Populationen wegen ihrer positiven Wirkungen eingesetzt. Die folgende Zusammenfassung aktueller Forschungsergebnisse soll einen kurzen Überblick über die Wirkungen von Lebensrückblickinterventionen auf die *Gesundheitsförderung* und *Teilhabeförderung* liefern. Vorab soll der Einfluss der Erzählung auf die *Identitätsentwicklung* nicht unerwähnt bleiben.

2.1 Lebensrückblick und die Konstruktion von Identität

Autobiografisches Erinnern und Erzählen hat einen bedeutenden Anteil daran, wie wir die Vorstellung über unser eigenes Selbst entwickeln (Fischer, 2006; McAdams, 2001; Atchley, 1989; Webster, 1994; Parker, 1999; Erikson, 1959; Pennebaker & Seagal, 1999). Damit ist die Frage nach dem *Wer bin ich?* gemeint. Der zeitgenössische Philosoph Charles Taylor schlussfolgert bei der Beantwortung dieser Frage, indem man herausfindet, »was für den Betreffenden von ausschlagender Bedeutung ist« (Taylor, 1996, S. 55), wird Identität durch die Bindungen und Identifikationen, die den Rahmen oder Horizont abgeben, definiert. Damit meint Taylor, dass jeder Mensch bestimmen muss, »was gut oder wertvoll ist oder was [dafür] getan werden sollte bzw. was ich [der Mensch] billige oder ablehne« (ebd.). Die Erfahrung von personaler Identität unterliegt im Laufe des Lebens Veränderungen und kann zeitweise auch in Identitätskrisen münden, wenn sich die Frage nach dem *Wer bin ich?* auch temporär nicht hinreichend beantworten lässt. Die Frage gestaltet sich somit als Aufgabe, die in unterschiedlichen Lebensphasen und -jahren wieder aufgeworfen werden kann.

Die persönliche, rückwärtsgerichtete Erzählweise unserer Biografie lässt ausreichend Raum, um Konzepte über das Selbst zu entwerfen. Durch die Erinnerung wird man sich seiner individuellen Ausdrucksweisen in der Vergangenheit und in der Gegenwart bewusst. Diese Bewusstwerdung verschafft die Möglichkeit, die Ausdrucksweisen im Selbst zu integrieren und eine *narrative Identität* zu entwickeln (McAdams, 1992, 2001). Dabei ist es wichtig, das eigene personale Leben als Einheit bzw. Kontinuum wahrzunehmen. Die wahrgenommene Einheit verleiht das Gefühl, das Leben als Ganzes zu verstehen, und ermöglicht einen biografischen Rahmen, in dem wir uns bewegen (Taylor, 1996).

Der Psychologe Dan McAdams (2001) beschäftigt sich besonders im Feld der *narrativen Psychologie* mit einem lebensgeschichtlichen Modell der Identitätsentwicklung von Menschen. Er beschreibt den Begriff der Identität als eine bestimmte eigene *Qualität oder Nuance des eigenen Selbstverständnisses* der Person, also die Art und Weise, wie die Person sich das Selbst zurechtlegt. Dabei spielen die Sprache und das Narrativ über die eigene Lebensgeschichte eine grundlegende Rolle. Das Leben wird als ein zusammenhängendes Narrativ des eigenen Selbst erzählt, indem die Vergangenheit rekonstruiert und die Zukunft antizipiert wird sowie ein zusammenhängender und einheitlicher Sinn im Leben gestiftet wird. Das Erzählen von Geschichten erhält dabei bereits von der frühen Kindheit an einen bedeutsamen Stellenwert. Das *Familiäre-Geschichten-Erzählen* wirkt sich beim Kind bereits früh auf das Verständnis der eigenen Biografie aus und wird als eine wichtige Entwicklungskompetenz im Leben des Menschen betrachtet. Wird in der Familie mit dem Geschichtenerzählen schon früh begonnen, so trägt dies dazu bei, dass das Kind detaillierte und zusammenhängende Geschichten von sich selbst erzählen kann. Dieses Vermögen führt dazu, dass bereits im Kindesalter ein stärkerer Sinn für das eigene Selbst in der Welt *(Kohärenzsinn)* entwickelt wird (Fivush et al., 2011). Der Psychologe und Psychotherapeut Tilmann Habermas (2011, 2014) stellt die Narration der eigenen Lebensgeschichte ebenfalls ins Zentrum seiner Arbeit. Durch die Lebensgeschichte wird ein Verständnis der eigenen Persönlichkeit möglich und durch das autobiografische Erzählen werden Konflikte und Abwehrmechanismen des Menschen ersichtlich. Das Erzählen ist demnach also auch eine therapeutisch hochwirksame kulturelle Praktik.

2.2 Lebensrückblick und Gesundheit

Zahlreiche Studien zum Einsatz von Lebensrückblickinterventionen zeigen positive Effekte hinsichtlich des psychischen Wohlbefindens, der Lebenszufriedenheit und der körperlichen Gesundheit. Zugleich konnte auch ein positiver Einfluss auf die kognitive Leistungsfähigkeit und bei der sozialen Integration festgestellt werden (Pinquart & Sörensen, 2001).

2.2.1 Lebensrückblickinterventionen bei Depressionen

Im Laufe des mittleren und höheren Lebensalters (65-Jährige +) leiden etwa ein Viertel der Menschen an einer psychischen Störung. Von besonderer Bedeutung sind darunter nach einem Bericht des Robert Koch-Institutes (RKI) demenzielle Erkrankungen und Depressionen (Böhm et al., 2009). Allerdings gibt es Hinweise dafür, dass psychische Erkrankungen im sehr hohen Lebensalter tatsächlich häufiger als angegeben vorkommen, da aufgrund von Multimorbidität und geringerer Sensibilität für psychische Störungen seltener eine eindeutige Diagnose für eine psychische Störung gestellt wird (Kruse et al., 2002).

Lebensrückblickinterventionen wurden in Bezug auf psychische Krankheiten, vor allem auf depressive Störungen, umfassend evaluiert. Diverse Studien und Meta-Analysen zeigen mit dem Einsatz von Lebensrückblickinterventionen positive Wirkungen hinsichtlich Depressionen bei älteren Personen (Bohlmeijer et al., 2007; Bohlmeijer et al., 2003; Pinquart et al., 2006; Pinquart & Forstmeier, 2012). Auch im Vergleich zu kognitiver Verhaltenstherapie konnten psychotherapeutische Anwendungen der strukturierten Lebensrückblickintervention gleichwertige Effekte hinsichtlich der Reduktion von Depressionen erzielt werden, mit großen Effektstärken (Pinquart et al., 2007; Pinquart & Sörensen, 2001). Auch bei jungen Erwachsenen wurde der Einsatz von Reminiszenztherapie zur Verringerung von Depressionen und Angstsymptomen erfolgreich eingesetzt (Hallford & Mellor, 2017). Ein systematisches Review von Chen et al. (2017), in der sich das Forscherteam dem psycho-spirituellen Wohlergehen dieser Patientengruppe zuwendete, zeigt, dass sich mit dem Einsatz von Lebensrückblickinterventionen depressive Symptome und die Lebensqualität verbesserten und das Selbstbewusstsein der Patienten stieg. Man kann heute sagen, dass die strukturierte Lebensrückblicktherapie eine altersangemessene Alternative zur verhaltenstherapeutischen Depressionsbehandlung im höheren Lebensalter ist.

2.2.2 Lebensrückblickinterventionen und Lebenszufriedenheit/Wohlbefinden

Reminiszenzinterventionen wurden auch grundsätzlich hinsichtlich ihrer Effekte auf die allgemeine Lebenszufriedenheit und das psychosoziale Wohlergehen von älteren Personen untersucht. In einer Meta-Analyse verdeutlichte Bohlmeijer et al. (2007) die Effekte hinsichtlich unterschiedlicher Zielgruppen und Anwendungsmodalitäten. Es zeigte sich, dass strukturierte Lebensrückblickinterventionen (wie das Lebensrückblickgespräch) hinsichtlich der Steigerung des psychosozialen Wohlergehens besser abschnitten als einfache Reminiszenzangebote. Dabei waren die Effekte bei in einer Gemeinschaft lebenden Erwachsenen größer als bei denen, die in einer Betreuungseinrichtung oder in Seniorenheimen leben. Esmaeili und Usefynezhad (2015) haben den Lebensrückblick auch bei jungen Personen/Adoleszenten in einem Sozial- bzw. Jugendzentrum eingesetzt, um zu erfahren, ob mit dessen Einsatz die Lebenszufriedenheit gesteigert werden kann. Danach gaben die zwischen 12 und 18 Jahre alten befragten Jungen bzw. Männer eine höhere Lebenszufriedenheit an, woraus die Forscher schließen, dass die Methode auch die Lebensbedingungen von jungen Menschen effektiv steigern kann. Jüngst haben Zimmermann et al. (2021) Lebensrückblickinterventionen bei Holocaust-Überlebenden in systematischen Fallstudien untersucht und konnten berichten, dass sich bei den untersuchten Personen teilweise auch traumabezogene Symptome, in jedem Fall das Wohlbefinden und die Lebensqualität verbesserten.

2.2.3 Lebensrückblickinterventionen bei körperlichen Erkrankungen

In den letzten Jahren wurden Lebensrückblickverfahren auch bei Patient*innen mit körperlichen, zum Teil lebensbedrohlichen Krankheiten evaluiert. Unter anderem wurde das Verfahren bei Patient*innen mit Krebserkrankungen eingesetzt. Zhang (2017) schloss in seine Übersicht 50 Studien ein, die die Wirkung von Lebensrückblickverfahren untersuchten: In der Mehrzahl der Studien profitierten Patient*innen aufgrund der Reduktion von Depressions- und Angstsymptomen und des Erlebens von vermehrter Hoffnung und besserem Wohlbefinden. Zhang plädiert dafür, die Lebensrückblickintervention in die Standardbehandlung von Krebspatient*innen aufzunehmen, um dadurch das Wohlbefinden von Patient*innen zu steigern. Einige Programme speziell für Krebspatient*innen wurden bereits entwickelt und hinsichtlich des Krankheitsverlaufes positiv evaluiert (Chen et al., 2017; da Rocha Rodrigues et al., 2019; Dose et al., 2017; Kissane et al., 2019).

2.2.4 Lebensrückblickinterventionen in der palliativen Versorgung

Auch in der Behandlung von Patient*innen in der palliativen (nicht mehr auf Heilung, sondern auf Schmerzfreiheit ausgerichteten) Behandlung werden Lebensrückblickinterventionen eingesetzt (Hesse et al., 2019). Wenn man Palliativpatient*innen fragt, worüber sie gerne reden würden, nennen sie zum großen Teil autobiografische Themen wie Kindheitserinnerungen, die Eltern, die Schul- und Ausbildungszeit, die Berufsbiografie, Erlebnisse mit dem/der Partner*in und der eigenen Familie sowie die Bewältigung von Krisen (ebd.). Es ist also nur folgerichtig, auch hier Formen eines strukturierten Lebensrückblicks anzubieten.

Hierfür entwickelten Chochinov et al. (2005) eine spezielle Variante einer Kurzzeit-Lebensrückblickintervention, die *Dignity Therapy*. Die Intention dieser Form ist es, das Gefühl der Würde zu stärken, die vor allem durch das Gefühl, anderen Menschen zur Last zu fallen bzw. durch das Fehlen eines Lebenssinns, bei dieser Patient*innengruppe häufig geschwächt ist. Zu der Methode gehört es, dass Patient*innen gemeinsam mit einer zweiten Person Fragen erarbeiten, woraufhin ein lebensgeschichtliches Gespräch geführt wird. Dieses wird mit dem/der Patient*in besprochen, ausgedruckt und daraufhin vorgelesen. Das entstandene Dokument kann bei den Patient*innen oder deren Verwandten verbleiben. Vuksanovic et al. (2017) untersuchte in einer qualitativ/inhaltlich angelegten Studie den Einsatz der Dignity Therapy (DT) sowie eine andere Form des Lebensrückblicks (LR) bei Palliativpatient*innen. Ziel war es, die beiden Methoden inhaltlich hinsichtlich ihrer Wirkung auf die Bereiche der Sinnhaftigkeit, Bedeutsamkeit und Würde zu erforschen und zu vergleichen. Dafür wurden die dabei entstandenen Dokumente von 56 Patient*innen induktiv und deduktiv analysiert. Alle Teilnehmer*innen beschrieben in den Gesprächen (DT und LR) ihre Glaubenssätze, ihre Werte sowie Erinnerungen und bedeutsamen Beziehungen. Mehrheitlich wurden auch Themen zum Sinn und zur Akzeptanz der Krankheit angesprochen. Thematiken wie das

Nachtrauern von Vergangenem, Streitlust und Hoffnung waren eher in der Gruppe der DT verbreitet, während in der Lebensrückblickintervention häufiger das Bedauern von gescheiterten Beziehungen, die Zuweisung eigener Schuld und unvollendete Handlungen thematisiert wurden.

2.3 Teilhabefördernde Wirkung des Lebensrückblicks

Indem wir unsere eigene Vergangenheit beschreiben, verbinden wir uns nicht ausschließlich nur mit unserem Selbst, sondern auch mit unserer Familie, unserer Kultur und mit unserer Gemeinschaft. Der zuvor genannte narrative und transmissive Erinnerungsstil »wirkt« in sozialen Beziehungen. Gemeint ist damit, dass erzählte Geschichten auch die Beziehungen zu anderen Personen definieren (Bluck & Alea, 2002). Der Kognitionspsychologe Ulrich Neisser (1988) unterteilt die soziale Funktion des autobiografischen Gedächtnisses in die der *sozialen Integration*, der *Empathie* und des *sozialen Zusammenhalts*. Zum Beispiel führt das Artikulieren von Erinnerungen, ohne dass eine Person unmittelbar anwesend ist, dazu, dass man etwas über sich selbst und die Welt erfährt. Dahingegen führt das Teilen von Erinnerungen mit unmittelbar anwesenden Personen zu einem besseren sozialen Zusammenhalt (Bluck & Alea, 2002). Durch das autobiografische Gedächtnis werden Gesprächsinhalte »geliefert«, womit die soziale Interaktion erleichtert wird. Gespräche gewinnen durch persönliche Erinnerungen an Wahrhaftigkeit und Glaubwürdigkeit (ebd.). Reminiszenzinterventionen konnten in unterschiedlichen Studien zudem auch positive Effekte auf das Einsamkeitsempfinden (Chiang et al., 2010), die Wahrnehmung positiver Beziehungen zu anderen (Afonso, 2011; Arkoff et al., 2004), auf die Interaktionsqualität und auf die Anzahl sozialer Kontakte (Schafer et al., 1986) bewirken.

Die sozialen Aspekte, die durch Lebensrückblickinterventionen in Gruppenkontexten zum Tragen kommen, wurden u. a. von Korte et al. (2014) herausgestellt. Als besonders relevant werden eine gute Atmosphäre innerhalb der Gruppe, gegenseitige Selbstöffnung und die Verbindung zu anderen herausgestellt. Konkret zeigten sich die positiven Wirkungen in einem erlebten Zusammengehörigkeitsgefühl, einem Gefühl der Akzeptanz und Anerkennung und dem Wohlfühlen in der Gruppe (vgl. Birren & Cochran, 2001). Auch der Umgang der Teilnehmer*innen mit ihrer Krankheit verbesserte sich und sie waren in der Lage, von anderen zu lernen und anderen wiederum helfen zu können. Weniger häufig wurden auch einige negative Aspekte erwähnt, wie das Problem, sich innerhalb einer Gruppe zu öffnen, und die Angst, keine Aufmerksamkeit zu erhalten.

3 Materialien zur niederschwelligen Durchführung in der Praxis

Die vielfältige Wirkung von Lebensrückblickgesprächen legt nahe, diese Methoden in der Arbeit mit älteren und alten Menschen umfassender anzuwenden. Um eine niedrigschwellige Einbindung von Lebensrückblickgesprächen in die alltägliche Arbeit zu fördern, wurden im Rahmen des eingangs beschriebenen Forschungsprojektes Materialien zur Durchführung von Lebensrückblickgesprächen konzipiert, die an die Bedürfnisse der Altenarbeit angepasst und einer wissenschaftlichen Evaluation unterzogen worden sind. Die unmittelbaren Effekte der Anwendung konnten aufgezeigt werden (s. Kap. 4). Das hier dargestellte Material entstand auf der Grundlage eines bereits bestehenden Lebensrückblickmanuals von Haight und Haight (2007). Es beinhaltet ein *Manual*, das in die Methode einführt, die Hintergründe in knapper Form beschreibt und eine Anleitung dazu gibt, wie das Gespräch strukturiert wird. Zusätzlich wurde ein begleitendes Arbeitsheft mit einem *Gesprächsleitfaden* und dazugehörigen *Arbeitsblättern zur Integration und Bilanzierung der Gespräche* miteingebunden.

Wesentlich für eine anwendungsnahe Anpassung des Materials von Haight und Haight war unter anderem ein vorab eruierter Zeit- und Personalmangel im Bereich der Altenarbeit, der nach wie vor eine große Herausforderung darstellt. Vor diesem Hintergrund wurde der von Haight und Haight mit ursprünglich acht Gesprächen konzipierte Lebensrückblick auf *drei wöchentlich aufeinanderfolgende Gespräche* gekürzt. Diese Anpassungen sind dazu gedacht, sowohl den zeitlichen als auch den personell bedingten Engpässen in der Arbeit mit Älteren (z. B. in Seniorenheimen oder in Begegnungsstätten) ein Stück weit entgegenzukommen Auch wurden weitere praxisrelevante inhaltliche Anpassungen mit dem Anspruch vorgenommen, die Durchführbarkeit in diversen Institutionen und Situationen zu ermöglichen. Das entstandene Material wurde in einem mehrstufigen

Prozess und in enger Zusammenarbeit mit verschiedenen Akteur*innen der Altenarbeit (Sozialpädagog*innen, Sozialarbeiter*innen, Pflegekräften oder Ehrenamtlichen) partizipativ ausgearbeitet.

Konkret beinhaltet das *Manual* eine Einführung in die Methode zum Lebensrückblickgespräch mitsamt einer übersichtlichen Darstellung einiger Hintergründe, einer Durchführungsanleitung, die Rahmenbedingungen und Techniken zur Gesprächsführung; außerdem werden Lösungen zu gegebenenfalls auftretenden Problemen in den Gesprächen aufgezeigt. Der dazugehörige *Gesprächsleitfaden* bietet eine Arbeitsgrundlage und dient als Unterstützung bei der Strukturierung der Gespräche. Insgesamt sollen die Materialien eine selbstständige Aneignung und Durchführung der Methode des Lebensrückblickgesprächs ermöglichen.

Das Manual zum Lebensrückblickgespräch sowie den Gesprächsleitfaden finden Sie im Anhang in diesem Buch.

4 Evaluation der Lebensrückblickgespräche

Wissenschaftliche Studie im Rahmen des Forschungsprojektes *Erinnern, erzählen, dabei sein*

Neben dem Ziel des Forschungsprojektes *Erinnern, erzählen, dabei sein*, benutzerfreundliche und praxisbezogene Materialien zur Durchführung von Lebensrückblickgesprächen zu konzipieren, sollten diese auch in der konkreten Anwendung in verschiedenen Praxisbereichen hinsichtlich ihrer Wirkung bei älteren und alten Personen evaluiert werden. Während der vierjährigen Laufzeit des Projektes *VorteilJena* wurden die Materialien *in einer Pilotstudie* hinsichtlich ihrer teilhabe- und gesundheitsfördernden Wirkungen evaluiert.

Die Ergebnisse dieser Studie konnten zeigen, dass aufgrund der Durchführung der Lebensrückblickgespräche auf der Basis dieser Materialen das *Teilhabeerleben* der älteren und alten Personen gesteigert und die *Akzeptanz des eigenen Lebens* unterstützt werden konnten (vgl. Kirschner et al., 2019). Letzteres ist eine wesentliche Grundlage für die Erreichung der Ich-Integrität. Auch konnte hinsichtlich der psychischen Gesundheit im Alter eine signifikante Verbesserung der *Depressivität*, des *Selbstwerts* und dem in diesem Alter wichtigen Faktor der *Ich-Integrität* festgestellt werden. Im Folgenden werden die beiden Studien und ihre Ergebnisse detaillierter dargestellt.

4.1 Vorstellung der Studie *Erinnern, erzählen, dabei sein*

Bereits vor Beginn der Projektlaufzeit des Verbundprojektes *VorteilJena – Vorbeugen durch Teilhabe* wurden in der Modellregion Jena Verbände bzw. Träger als Praxispartner akquiriert, die sich für die Pflege und Betreuung älterer und alter Menschen einsetzen. Als Projektpartner konnten die AWO Jena-Weimar e.V. (Regionalverband Mitte-West-Thüringen e.V.) und die Diakonie Ostthüringen gewonnen werden. Beide Partner erklärten sich zur Teilnahme mit unterschiedlichen Wohn- und Betreuungsformen für Senioren innerhalb Jenas bereit. Darunter befanden sich Tagesstätten und Betreuungseinrichtungen, Einrichtungen von ServiceWohnen, ein Mehrgenerationenhaus und Pflegeheime. Die Bereitschaft zur Teilnahme der beiden Partner implizierte eine intensive Zusammenarbeit und persönliches Engagement hinsichtlich des Projektansinnens, wofür wir uns an dieser Stelle nochmals herzlich bedanken möchten.

4.1.1 Anpassung und Beschreibung des Lebensrückblickmaterials im anwendungsbezogenen Setting

Die Grundlage der hier abgebildeten Lebensrückblickgespräche stellte wie bereits beschrieben die vorab gekürzte Version von Haight und Haight (2007) – von ursprünglich acht aufeinanderfolgenden auf drei Gespräche – dar. Weitere Anpassungen in Bezug auf die *bessere Les- und Verstehbarkeit* des Manuals, den *Umfang*, eine *Gruppierung in zusammenhängende Themenkomplexe* und eine *passende Auswahl von Fragen* (Streichung von sehr privaten Fragen, z. B. über Sexualität) sowie eines *praxistauglichen Formats* wurden mit den kooperierenden Praxispartner*innen erarbeitet. Hierfür wurden die Materialien zunächst von Mitarbeiter*innen der Einrichtungen angewendet und konnten dann in mehrstufigen Arbeitsphasen auf eine bessere Anwendbarkeit hin angepasst werden.

Die wissenschaftliche Evaluation der Lebensrückblickmaterialien erfolgte im Zeitraum von Juli 2016 bis Oktober 2017. Um ältere und alte Personen über das Projekt *Erinnern, erzählen, dabei sein* sowie über die Methode des Lebensrückblickgesprächs und der Möglichkeit einer Teilnahme an der Studie zu informieren, fanden an Seniorengruppennachmittagen der kooperierenden Senioreneinrichtungen Vorstellungen zur geplanten Studie statt. Insgesamt 51 interessierte Personen ab 65 Jahren konnten schließlich für eine Teilnahme zur Evaluation der Lebensrückblickgespräche gewonnen werden.

Die Lebensrückblickgespräche wurden mithilfe der neu aufgearbeiteten Materialien durchgeführt. Die Rolle der gesprächsleitenden Person wurde für die Studie hauptsächlich von den wissenschaftlichen Mitarbeitenden und studentischen Hilfskräften eingenommen, in einigen Fällen waren es Mitarbeitende der Pflegeeinrichtungen und ehrenamtlich arbeitende Personen. Zu diesem Zweck wurden die gesprächsleitenden Personen anhand des vorliegenden Lebensrückblickmaterials geschult. Die Studienteilnehmer*innen nahmen meist im wöchentlichen Abstand an der Folge von drei aufeinander aufbauenden Lebensrückblickgesprächen (Kindheit und Jugend, Erwachsenenalter und Integration) teil. Als Gesprächsort wurde von den Teilnehmer*innen meist der private Wohnraum gewählt, aber auch in geschützten Räumen innerhalb der Begegnungsstätten wurden einige der Gespräche durchgeführt. Die Dauer eines Gespräches wurde zudem an der individuellen Zumutbarkeit jedes Einzelnen bemessen (je nach physischem Gesundheitszustand, Konzentrationsfähigkeit etc.) und betrug dadurch zwischen 45 und 90 Minuten.

4.2 Evaluation des Teilhabeempfindens, der Reflexion über das eigene Leben und der individuellen Wahrnehmung des Lebensrückblickgesprächs

4.2.1 Beschreibung der Studienteilnehmer*innen

Insgesamt 41 Personen im Alter zwischen 53 und 98 Jahren wurden in der Untersuchung zum erlebten *Teilhabeempfinden*, der *Reflexion über das eigene Leben* und hinsichtlich der Frage nach der *individuellen Wahrnehmung* als Teilnehmende von Lebensrückblickgesprächen nach dem hier entwickelten Manual zur Auswertung eingeschlossen. Dabei war der Anteil der teilnehmenden Frauen mit 77 % deutlich höher im Vergleich zu den Männern. Etwa die Hälfte der Personen lebte zum Zeitpunkt der Befragung selbstständig in einem eigenen Haushalt, während die andere Hälfte in unterschiedlichen betreuten Wohnformen (ServiceWohnen, Pflegeheim, Mehrgenerationenhaus) untergebracht war. Der überwiegende Anteil von 55 % lebte allein ohne Partner*in, während 34 % sich in einer Partnerschaft befanden (11 % der Befragten machten dazu keine Angabe). Lediglich 10 % der Teilnehmer*innen waren kinderlos. 77 % berichteten, sich momentan in medizinischer Behandlung zu befinden.

4.2.2 Teilhabeempfinden während des Lebensrückblickgesprächs

Ein wesentliches Ziel im Gesamtverbundprojekt *VorteilJena – Vorbeugen durch Teilhabe* war die Steigerung vor allem zweier gesundheitsfördernder Bereiche, die im Laufe eines Lebens einen entscheidenden Einfluss auf das körperliche und psychische Befinden von Menschen ausüben. Dies ist zum einen die *Teilhabe am gesellschaftlichen Leben* und zum anderen (konkret im höheren und hohen Alter) *eine gelungene Ich-Integrität*. Um Anhaltspunkte zu den beiden Bereichen zu erhalten, wurden die Teilnehmer*innen während der Studie hinsichtlich ihres *subjektiv empfundenen Teilhabeempfindens* sowie nach dem Grad der *Reflexion über das eigene Leben* befragt (Kirschner et al., 2019).

Die Aspekte von *subjektiv empfundener Teilhabe*, die während der Intervention antizipiert wurden, beziehen sich auf das Erleben zwischenmenschlichen Austauschs, den Eindruck entgegengebrachten Interesses sowie auf das Gefühl, als Person angenommen zu werden. Um also das *Teilhabeerleben* der Teilnehmer*innen zu erfahren, wurden folgende selbstformulierte Items auf Basis des im Projekt definierten Teilhabebegriffs[3] erarbeitet:

Während des Lebensrückblicks ...

1) ... habe ich mich angenommen gefühlt.
2) ... hatte ich das Gefühl, dass sich jemand für mich interessiert.
3) ... hatte ich das Gefühl, wichtige Erfahrungen aus meinem Leben mit jemandem teilen zu können.[4]

Anhand der Ergebnisse[5] lässt sich sagen, dass die große Mehrheit der Teilnehmenden (zwischen 80 % und 97 %) den Aussagen zum Teilhabeempfinden während der Lebensrückblickgespräche zugestimmt haben. Dem Gefühl, während der Gespräche wichtige Erfahrungen aus dem eigenen Leben mit jemandem geteilt zu haben, wurde von 80 % der Teilnehmer*innen zugestimmt. Davon stimmten 41 % der Teilnehmer*innen dieser Aussage »genau zu«. Die größte Zustimmung erhielt die Aussage, das Gefühl zu haben, dass sich während des Gespräches jemand für sie interessierte (97 % stimmten zu, 73 % stimmten »genau zu«). Sich während des Lebensrückblicks angenommen gefühlt zu haben, gaben 95 % der Teilnehmer*innen an. 63 % stimmten dieser Aussage »genau zu«. Die Ergebnisse im Überblick finden sich in Abbildung 1.

3 Die Auswahl dieser selbstformulierten Aspekte der sozialen Teilhabe begründet sich in der Notwendigkeit, die im ICF (2005) und der von der WHO recht weit gefassten Definition der sozialen Teilhabe auf die relevanten Zielgrößen der Intervention einzugrenzen (vgl. Kirschner et al., 2019).

4 Zu den formulierten Fragen wurde eine Likert-Skala von Eins (»trifft nicht zu«) bis Fünf (»trifft genau zu«) zur Beantwortung eingesetzt.

5 Die Antworten auf die geschlossenen Fragen zum Teilhabeerleben und zur Reflexion über sich selbst und das eigene Leben wurden über eine deskriptive Betrachtung der relativen Häufigkeiten ausgewertet.

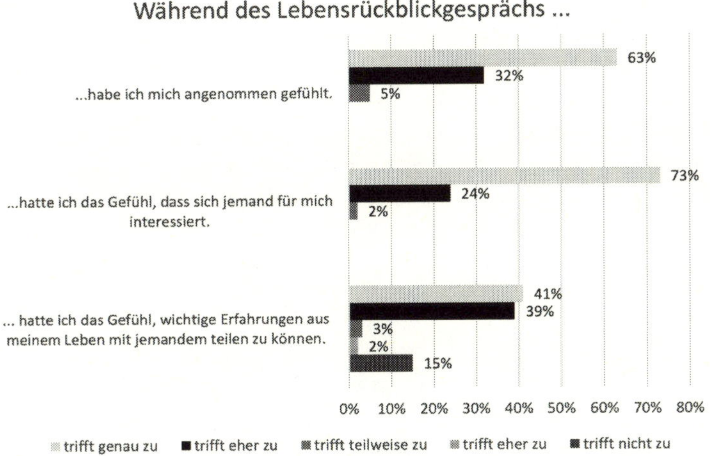

Abbildung 1: Teilhabeerleben während des Lebensrückblickgesprächs (Quelle: Kirschner et al., 2019)

4.2.3 Reflexion des eigenen Lebens

Über das Leben als Ganzes nachzudenken bzw. Reflexionen anzuregen bildet die Grundlage, um rückblickend zu erkennen und einzuordnen, was im Leben gut oder schlecht gelaufen ist. Dies ist eine Voraussetzung, um zu einer kongruenten Sichtweise und Integrität im eigenen Leben zu gelangen. Um zu erheben, ob eine *Reflexion über sich selbst und das eigene Leben* stattgefunden hat, wurden die Antworten auf die drei folgenden selbst konstruierten Items ausgewertet:

Nach dem Lebensrückblick

1) habe ich mir noch einmal vermehrt Gedanken über mein Leben gemacht.
2) konnte ich meine Sichtweise auf mein Leben erweitern.
3) kann ich mich selbst besser verstehen.[6]

Die Angaben, die zu dem Bereich *Reflexion über sich selbst und das eigene Leben* gemacht wurden, zeigen subjektive Einordnungen der eigenen Ver-

6 Diese Fragen konnte im dichotomen Ja/Nein-Format beantwortet werden.

änderung nach den Lebensrückblickgesprächen (Abb. 2). Hieraus lässt sich eine Steigerung der *Reflexion über sich selbst und das eigene Leben* in allen drei abgefragten Aspekten ablesen. Demnach gaben jeweils 62 % der Teilnehmenden an, sich selbst nach dem Lebensrückblickgespräch besser zu verstehen und die Sichtweise auf ihr Leben erweitert zu haben. 80 % stimmten der Aussage zu, sich nach dem Lebensrückblickgespräch vermehrt Gedanken über ihr Leben gemacht zu haben.

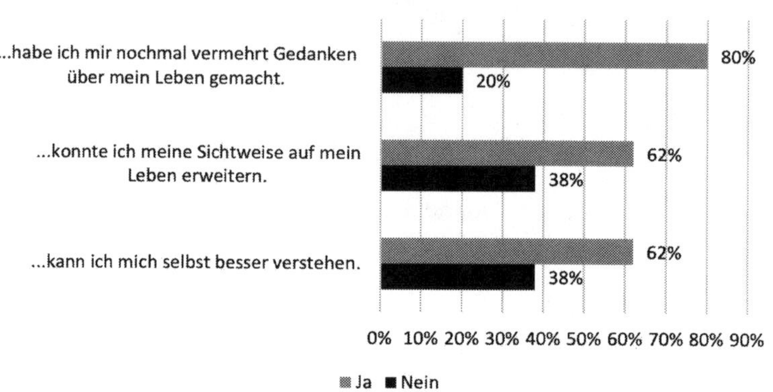

Abbildung 2: Reflexion über sich selbst und das eigene Leben (Quelle: Kirschner et al., 2019)

4.2.4 Individuelle Wahrnehmung des Lebensrückblickgesprächs

In diesem Abschnitt der Evaluation wurden die teilnehmenden Personen gefragt, wie sie die Lebensrückblickgespräche persönlich wahrgenommen haben. Diese wurden eine Woche nach Abschluss der Gespräche evaluiert. Hierdurch versuchten wir zu erfahren, welche Thematiken von den Teilnehmenden selbstinitiiert benannt werden, ohne eine Zuschreibung von außen vorzugeben. Um die *individuelle Wahrnehmung des Lebensrückblicks* zu erfragen, wurde aus diesem Grund ein offenes Antwortformat zu den folgenden drei Fragen gewählt[7]:

7 Zu den drei offen gestellten Fragen bezüglich der individuellen Wahrnehmung des Lebensrückblicks wurden mittels einer Inhaltsanalyse zentrale Antwortdimensionen ermittelt.

1) Wie fanden Sie das Gespräch?
2) Was hat Ihnen am Gespräch gefallen?
3) Was hat Ihnen am Gespräch nicht gefallen?

Eine Übersicht der Nennungen in Kategorien findet sich in Abbildung 3. Am häufigsten (mit 57 %) wurde von den Teilnehmenden erwähnt, das Lebensrückblickgespräch als etwas Positives erlebt zu haben. 46 % der Teilnehmenden gaben an, sich durch die Lebensrückblickgespräche vermehrt erinnert zu haben und beschrieben dies gleichzeitig als etwas Positives. 32 % benannten die Erinnerungsaktivierung, ohne diese zusätzlich positiv zu werten. Auch gaben 45 % der Befragten offen an, Aufmerksamkeit, Interesse und Zuwendung durch den/die Gesprächspartner*in erfahren zu haben. 35 % der Teilnehmer*innen erwähnten explizit, dass sie eine zusätzliche Erkenntnis hinsichtlich ihres Lebens gezogen haben bzw. ihre Vergangenheit neu bewerten konnten (Lebensbilanzierung).

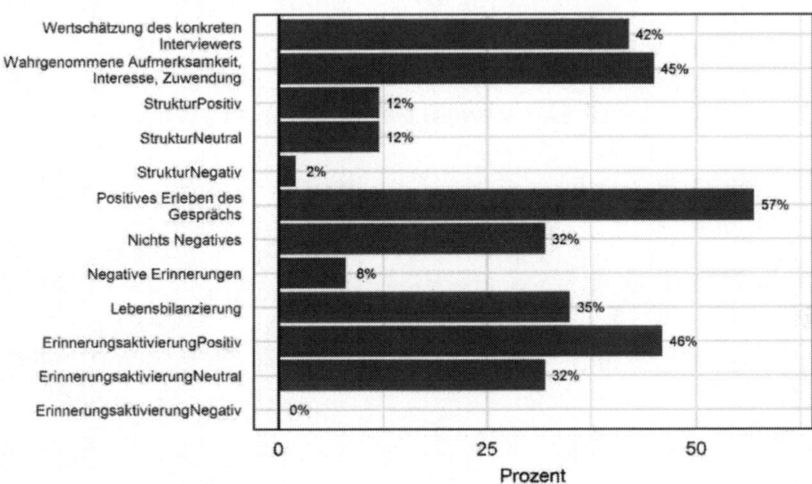

Abbildung 3: Klassifizierung der offenen Antworten zur individuellen Wahrnehmung des Lebensrückblicks (Quelle: Kirschner et al., 2019)

Ausführliche Beschreibungen der acht Antwortdimensionen und die Auswertungen ihrer Häufigkeiten finden sich bei Kirschner et al. (2019).

4.2.5 Zusammenfassung der Teilbereiche

Die Antworten zur individuellen Wahrnehmung des Lebensrückblicks verdeutlichen, dass die Erinnerungstätigkeit der älteren Menschen stark angeregt wurde und nicht zuletzt die Zuwendung, die den älteren Menschen durch das Lebensrückblickgespräch entgegengebracht wurde, als äußerst positiv empfunden wurde. Auch die Reflexion über sich selbst und das eigene Leben konnte durch die Gespräche bei der Mehrheit der Teilnehmenden verbessert werden. Nahezu alle Teilnehmenden fühlten sich angenommen und hatten das Gefühl, dass sich während der Gespräche jemand für sie interessierte. Die breite Zustimmung, nach dem Lebensrückblick ein besseres Selbstverständnis erlangt sowie die Sichtweise auf das eigene Leben erweitert zu haben, deutet auf ein Erreichen speziell der integrativen Reminiszenz (vgl. Wong & Watt, 1991) im Lebensrückblickgespräch hin. Diese ist mit erfolgreichem Altern im Hinblick auf mentale und körperliche Gesundheit assoziiert.

4.3 Evaluation der Wirksamkeit des Lebensrückblickgesprächs hinsichtlich Selbstwert, Depression und Ich-Integrität

Wie bereits beschrieben, lässt sich die Verbesserung der psychischen Gesundheit im Alter maßgeblich durch die Erfassung der psychologischen Konstrukte der Ich-Integrität, der Depressivität sowie des Selbstwerts aufzeigen. Demnach wurde in einer die Gespräche begleitenden Wirksamkeitsstudie die Veränderung dieser Gesundheitsparameter vor und nach der Anwendung der Lebensrückblickgespräche erhoben. Exploriert wurde außerdem, ob auch das Ausmaß der Verbesserungen innerhalb der drei Variablen mit deren Ausgangswerten zu Interventionsbeginn variiert. So sollte aufgeklärt werden, ob in Abhängigkeit ihrer Ausgangswerte Personen unterschiedlich gut von der Intervention profitierten.

Für die Messung dieser drei Variablen konnte eine Stichprobe von 51 Personen in der Altersspanne von 53 bis 98 Jahren herangezogen werden. Die Evaluation erfolgte im Längsschnittdesign. Das Modell sah die Erhebung der Variablen vier Wochen vor dem Lebensrückblickgespräch[8],

8 Damit wurde eine Wartekontrollgruppe geschaffen, die einen intrapersonellen Vergleich zulässt.

zu Beginn des ersten Gespräches sowie nach dem letzten Gespräch vor. Ebenfalls wurde eine Follow-up-Untersuchung drei Monate nach dem Lebensrückblickgespräch durchgeführt, um die Langzeiteffekte hinsichtlich der drei Parameter zu erheben. Im Folgenden sollen die Ergebnisse in sehr knapper Form aufgezeigt werden. Bei tieferliegendem Interesse können wir auf den Artikel von Zimmermann et al. (2019) verweisen, aus dem diese hier dargestellten Ergebnisse und Abbildungen entnommen sind.

4.3.1 Eingesetzte Maße bei der Wirksamkeitserhebung

Die Ich-Integrität wurde mittels der Ego-Integrity-Scale nach Sherman (Sherman & Peak, 1991) erhoben. Die englischsprachige Skala wurde ins Deutsche übersetzt und lautete folgendermaßen:

1) Ich bin mit meinem bisherigen Leben zufrieden.
2) Ich bin bereit, Verantwortung für meine Entscheidungen zu übernehmen.
3) Ich würde mein Leben nicht verändern, falls ich es noch einmal leben müsste.
4) Ich akzeptiere mich so wie ich bin.
5) Ich bin stolz auf das, was ich getan habe.

Die Depressivität wurde mittels der Kurzversion der Geriatrischen Depressionsskala nach Sheikh und Yesavage (1986; dt. Übersetzung nach Masur, 2000) erhoben. Für den Einbezug auch kognitiv eingeschränkter Personen sowie zur Passung der Fragen für Personen, die in einem Pflegeheim untergebracht waren, wurden die jeweilig eingesetzten Skalen leicht verändert. Der Selbstwert wurde mittels der revidierten Selbstwertskala nach Rosenberg (Ferring & Filipp, 1996) gemessen. Genaueres zu den Skalen sowie zu deren Veränderungen lässt sich ebenfalls im Artikel von Zimmermann et al. (2019) nachlesen.

4.3.2 Ergebnisse der Wirksamkeitserhebung

Die Ergebnisse der Berechnungen der drei Variablen zeigten, dass sich alle drei Aspekte der psychischen Gesundheit im Interventionszeitraum bei den Teilnehmer*innen der Studie verbesserten. Es konnte eine signifikante

Zunahme der Ich-Integrität[9] sowie eine signifikante Zunahme des Selbstwertes[10] nach der Intervention im Vergleich zum Beginn der Intervention beobachtet werden. Mit einer Effektstärke von d = 0,28 auf die Ich-Integrität, d = 0,35 auf die Depressivität und d = 0,31 auf den Selbstwert sind die Effekte zwischen der Messung direkt vor dem Lebensrückblickgespräch (prä-Messung) und der Messung nach der Durchführung des Lebensrückblickgesprächs (post-Messung) eher gering. Der Vergleich der Mittelwerte zu Interventionsbeginn (t1) und Dreimonatskatamnese (t3) zeigte keine signifikanten Unterschiede. Zudem nahm die Depressivität in diesem Zeitraum marginal signifikant ab (diff = -0,5, SE = 0,2, p = ,051).

Die Abbildungen 4 und 5 zeigen die Veränderungen der erfassten Variablen Ich-Integrität, Depressivität und Selbstwert. Abbildung 4 stellt diese in ihren Mittelwerten inklusiver aller Messzeitpunkte (mit Wartezeitraum und Follow-up-Messung) dar.

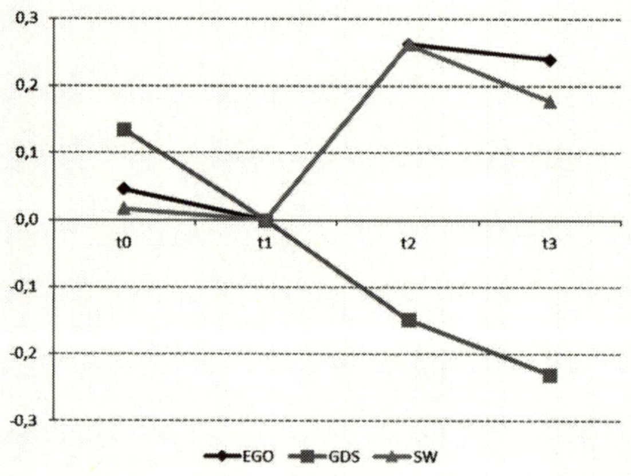

Abbildung 4: Mittelwerte der Skalen Ich-Integrität *(EGO)*, Depressivität *(GDS)* und Selbstwert *(SW)* zu Beginn des Wartezeitraums *(t0)*, Beginn der Intervention *(t1)*, Ende der Intervention *(t2)* und Dreimonatskatamnese *(t3)* (Quelle: Zimmermann et al., 2019)

Wie zu erwarten wurden im Wartezeitraum vor der Lebensrückblickintervention keine signifikanten Veränderungen innerhalb der drei Variablen

9 diff = 1,0, SE = 0,5, p = ,032

10 diff = 1,1, SE = 0,5, p = ,016

festgestellt. Obwohl sich drei Monate nach der Intervention keiner der Effekte als signifikant halten konnte, waren die Veränderungen zumindest ihrer Tendenz nach noch feststellbar.

In Abbildung 5 wird die Veränderung der Variablen während des Zeitraums der Durchführung der Lebensrückblickgespräche gezeigt.

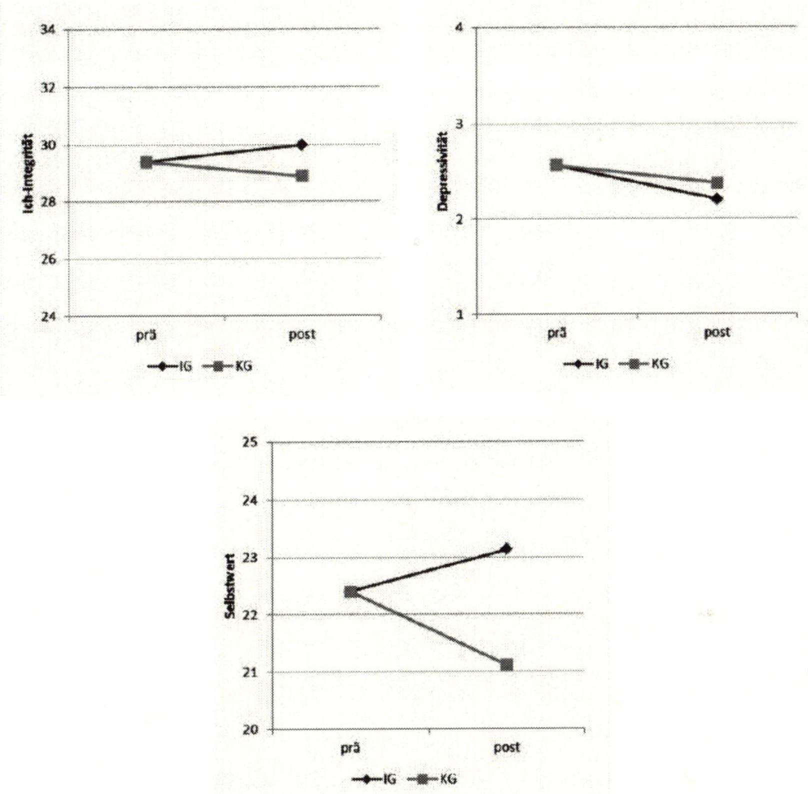

Abbildung 5: Mittelwerte zu Beginn und Ende des Wartelistenzeitraums (KG Kontrollgruppe) sowie Mittelwerte zu Beginn und Ende des Interventionszeitraumes (IG Interventionsgruppe) (Quelle: Zimmermann et al., 2019)

Zusammenfassend lässt sich sagen, dass hinsichtlich ihrer Ausgangswerte besonders diejenigen Teilnehmer*innen profitieren konnten, die anfänglich eine geringe Ich-Integrität aufwiesen. Je depressiver sie hingegen zu

Beginn der Gespräche waren, desto weniger profitierten sie von der Intervention. Dieses Ergebnis steht im scheinbaren Widerspruch zu den Befunden von Pinquart und Forstmeier (2012), welche in einer großen Metaanalyse stärkere Effekte von Reminiszenz bei depressiv erkrankten Patienten fanden, die unabhängig von der erfolgten Form der Reminiszenz – Lebensrückblicktherapie, Lebensrückblickgespräche oder unstrukturierte Erinnerungsarbeit – waren. Allerdings wurden in der vorliegenden Studie nicht spezifisch Personen, die an einer Depression erkrankt waren, untersucht. Zusammenfassend liefern die Ergebnisse leichte Hinweise auf eine positive Wirksamkeit der Lebensrückblickgespräche auf Basis der entwickelten Materialien hinsichtlich der psychischen Gesundheit der Teilnehmenden. Diese ersten Ergebnisse einer Wirksamkeitsstudie der vorliegenden Materialien geben bereits Hinweise darauf, dass das Lebensrückblickgespräch innerhalb von drei Gesprächen bereits einen positiven Effekt auf die psychische Gesundheit älterer und alter Menschen hat. Eine erweiterte Untersuchung zuzüglich einer größeren Stichprobe würde genauere Angaben zur Wirksamkeit erzeugen.

5 Anwendungsfelder des Lebensrückblickmaterials

Mit den hier angebotenen Materialien liegt nun eine Einführung in die Thematik des Lebensrückblickgesprächs inklusive eines dazugehörigen Manuals und Gesprächsleitfadens für eine alltagsnahe und niederschwellige Durchführung in der Praxis vor. Diese ermöglichen einen *breit gefächerten Einsatz in unterschiedlichen Anwendungsfeldern mit älteren und alten Menschen* und befähigen die am biografischen Arbeiten interessierten Personen, sich diese Methode autodidaktisch anzueignen. Weiterführende Kenntnisse und Fertigkeiten zum Lebensrückblickgespräch können bei Interesse innerhalb von Schulungen zusätzlich erworben werden. Diese Möglichkeit liegt jedoch im eigenen Verantwortungsbereich und Engagement bzw. empfundenen Wissensstand der Anwender*innen.

Nachfolgend möchten wir zunächst Einblicke in die drei praxisrelevanten Anwendungsfelder geben, in denen wir mit dem dargestellten Material zum Lebensrückblickgespräch Erfahrungen sammeln konnten. Danach wird die Nutzung des »Digitalen Lebensrückblick« vorgestellt, der als eine weitere Anwendungsmöglichkeit als Online-Variante im Rahmen des Projektes *Erinnern, erzählen, dabei sein* entwickelt und kostenlos zur Verfügung gestellt wurde. Abschließend wird das Lebensrückblickgespräch in der Geriatrie, zu dem ein Wahlpflichtfach im Medizinstudium im Rahmen einer medizinischen Promotion entwickelt wurde, vorgestellt.

5.1 Lebensrückblickgespräche in unterschiedlichen Kontexten

Die nachfolgenden Ausführungen beziehen sich auf die Erfahrungen der Praxispartner im Seniorenbereich des Projekts *VorteiJena*, die diese mit dem vorgestellten Material zum Lebensrückblickgespräch sammeln konnten, und stammen aus den unterschiedlichen Institutionen (Mehrgenerationenhaus, Verein für Ehrenamt und Seniorenheim). Diese Ausführungen beinhalten Schussfolgerungen hinsichtlich einiger relevanter Themen und Herausforderungen in der Anwendung des Lebensrückblickgespräches anhand der vorliegenden Materialien. Die hier aufgeführten Themen beruhen auf offen geführten Interviews mit den kooperierenden Praxispartner*innen, nachdem die Materialien zum Lebensrückblickgespräch jeweils ihren Einsatz im Rahmen der durchgeführten Studie gefunden hatten. Dabei sollen die Aussagen an dieser Stelle als exemplarische Beispiele zur Sensibilisierung in der Anwendung innerhalb von Institutionen der Seniorenarbeit dienen.

Im Versuch der Etablierung der Lebensrückblickgespräche in unterschiedlichen Praxisinstitutionen der Senioren- und Altenarbeit ergaben sich spezifische Ansprüche zur Herangehensweise. So war vor allem in den Senioreneinrichtungen die *zeitliche und personelle Ressource* wichtig und bei der Etablierung der Gespräche eine begrenzende (oder zumindest zu beachtende) Komponente. Die Biografiearbeit hatte vor der Einführung der Lebensrückblickgespräche in den Institutionen (Seniorenheim und Mehrgenerationenhaus) vor allem im Aufnahmeprozess neuer Bewohner*innen ihre Relevanz, um so die Pflege und Betreuung entsprechend zu planen (z. B. um Vorlieben, Abneigungen oder die bisherige Organisation des Lebens der neuen Bewohner*innen zu erfahren) oder im Rahmen von Ergotherapie als ein spielerisches Erinnern zu Trainings- und Aktivierungszwecken. Einen Zeitraum für ein strukturiertes Lebensrückblickgespräch im individuellen Bezug gab es bis dahin nicht. Dennoch erschien die Implementierung von strukturierten Lebensrückblickgesprächen für die präventive Gesundheitsvorsorge älterer Menschen den Leitungspersonen als eine lohnenswerte Ergänzung zum bestehenden Angebot. So wurde innerhalb der Projektlaufzeit von vier Jahren nach Möglichkeiten gesucht, diese gezielt in den verschiedenen Einrichtungen zu etablieren. Einige damit in Zusammenhang stehende Erwartungen und im Prozess gewonnene Erfahrungen haben wir in abschließenden Gesprächen mit den jeweiligen Verantwortlichen eruieren können. An dieser Stelle wollen wir zentrale Themen aus diesen Abschlussgesprächen aufzeigen.

Die Abschlussgespräche mit Personen aus den Leitungsebenen beinhalteten die Thematiken *Erwartungen an die Lebensrückblickgespräche*, *Erfahrungen* mit diesen, spezielle *Herausforderungen* und *Probleme* sowie *Ansätze zur Lösung* dieser.

5.1.1 Lebensrückblickgespräch im Mehrgenerationenhaus

Über den Zeitraum von vier Jahren wurde mit dem Mehrgenerationenhaus der AWO Jena-Weimar, in dem sich ein Service-Wohnen-Bereich und ein betreutes Wohnen für Ältere befindet, zusammengearbeitet. In dieser Einrichtung wurden die Lebensrückblickgespräche jedoch größtenteils von wissenschaftlichen Hilfskräften des Projektes durchgeführt, also nicht vom Stammpersonal der Einrichtung. So fand das abschließende Gespräch mit der Leiterin des Mehrgenerationenhauses eine Struktur, die sich anhand einzelner Fragen in die Bereiche *Erwartungen an die Methode*, *Erfahrungen mit und nach den Lebensrückblickgesprächen* und *Einschränkungen in der Anwendung sowie deren Lösungsansätze* gliedern lassen.

Interviewerin (I): Welche Erwartungen hatten Sie an die Methode des Lebensrückblickgesprächs?

Leiterin des Mehrgenerationenhauses (LM): Also meine Erwartung war, damit auch ein Werkzeug zu haben. Zum einen die Leute besser kennenzulernen, daraus vielleicht Rückschlüsse ziehen zu können, welche Wünsche sie haben und diese eventuell auch in die Arbeit hier mit einfließen zu lassen. Eine andere Erwartung war, dass die Leute, die daran teilnehmen, die Möglichkeit haben, etwas von sich zu erzählen – und das mal in einem anderen Rahmen und in einer größeren Zeitspanne, als man es sonst immer so hat. Also sich mit einer Person einfach mal länger auseinanderzusetzen, dass sie mal ein bis zwei Stunden Zeit hat, um von sich zu erzählen, vom Leben, was sie so bewegt hat in ihrem Leben, und dafür eine konkrete Person zu haben. Man erzählt ja doch immer mal wieder, aber das sind dann nur so kurze Gespräche, oder die Leute untereinander unterhalten sich natürlich auch, aber da wird nie so sehr in die Tiefe gegangen und das war natürlich die Möglichkeit, es den Leuten zu ermöglichen noch mal strukturiert auf ihr Leben zurückzublicken.

Fasst man das Gesagte der Leiterin des Mehrgenerationenhauses zusammen, so zeigen sich zweierlei Erwartungen, die sie mit der Einführung des Lebensrückblickgesprächs verbunden hat. Diese bestanden sowohl aus *Sicht der Interessen der Einrichtung* als auch *zum Nutzen der jeweiligen Bewohner*innen*. Einerseits hoffte man durch ein *besseres Verständnis der persönlichen Geschichte* der Bewohner*innen, die Arbeit zielgerichteter auf die Bedürfnisse des Einzelnen anzupassen. Mit der Perspektive auf die *Bewoh-*

*ner bekämen diese andererseits die Gelegenheit, sich verstärkt mit der eigenen Biografie zu befassen und die Erzählungen und die damit zusammenhängenden Rückschlüsse an ein*e konkrete Zuhörer*in richten zu können.* Für diese so wichtigen Aufgaben im letzten Lebensabschnitt bliebe im alltäglichen Zusammensein häufig zu wenig Zeit.

I: Welche Erfahrungen haben Sie mit bzw. nach den Lebensrückblickgesprächen machen können?

LM: Also die Rückmeldungen oder die Meinungen darüber sind immer nur positiv. So wie man die Hoffnung hat, dass es als Chance gesehen wird, so wird es dann auch gesehen. Es muss natürlich erst mal auf Interesse stoßen bei der Person, da ist es immer sehr unterschiedlich. Manche wollen da eher nicht so viel von sich preisgeben, fragen sich dann vielleicht auch, was damit gemacht wird oder warum sie jetzt etwas über sich erzählen sollen, zeigen ein bisschen Misstrauen. Aber diejenigen, die sich drauf einlassen, haben alle durchweg ein positives Feedback gegeben, dass es sie auch ein Stück weit berührt hat und die Erwartungen vielleicht sogar übertroffen wurden. Ich glaube, jeder geht da am Anfang immer ein bisschen mit Vorsicht ran, wenn man sich aber dann darauf einlässt, so war mein Eindruck, dann trägt das auch Früchte und dann wird es auch als eine sehr gute Sache und als Bereicherung verstanden.

Diese Aussage enthält ein breites Spektrum von Eindrücken, die die Motivation zur Teilnahme, Vorbehalte aufgrund von fehlendem Vertrauen und die Erfahrungen nach geführten Lebensrückblickgesprächen wiedergeben. Auf Grundlage der Rückmeldungen seitens der Bewohner*innen, die die Chance des Lebensrückblickgesprächs genutzt haben, kann die Leiterin des Mehrgenerationenhauses eine durchweg positive Bilanz ziehen. Jedoch gibt sie zu bedenken, dass die Hürde darin bestünde, das *Vertrauen* der Bewohner für diese strukturierte Art des Erzählens zu gewinnen. Die Vorbehalte, sich anderen anfangs ggf. noch recht fremden Personen gegenüber anzuvertrauen bzw. sich mit dem eigenen Leben auf diese Weise nicht befassen zu wollen, sollte ernst genommen und eine Ablehnung respektiert werden. Diejenigen jedoch, die sich für das Vorhaben erwärmen können, seien in ihren Erwartungen zuteilen sogar *»übertroffen«* worden und empfänden das Erinnern und Erzählen als persönliche Bereicherung.

I: Wo sehen Sie die Einschränkungen in der Anwendung der Lebensrückblickgespräche und welche Lösungsansätze sehen Sie?

LM: Gerade wenn jemand frisch hier ist, oder längere Zeit mal krank war, dann sollte die Person sich erstmal um sich kümmern und ein bisschen Ruhe haben. Wenn dann ein bisschen mehr Zeit da ist, kann man das machen. Die Person sollte auch ein Stück weit den Kopf frei haben und gerade bei älteren Menschen, wenn die mit ihrer Gesundheit viel zu tun haben, ist es ein ungünstiger Moment.

Das Lebensrückblickgespräch sollte also zu einem für die Bewohner*innen passenden Zeitpunkt stattfinden. Hier spielen verschiedene Aspekte, wie die Dauer des Wohnverhältnisses, der Gesundheitszustand und die damit zusammenhängende seelische Verfassung, eine Rolle. Ebenso sollte, wie im Folgenden nochmals erwähnt wird, das Vertrauensverhältnis zwischen den Durchführenden passend sein.

LM: Die Person denkt sich vielleicht auch: ›Was will denn die jetzt von meinem Leben wissen?‹ Da muss man schon ein Vertrauensverhältnis haben und das dann anbieten und sagen: ›Sie können es sich ja mal überlegen‹ und dass wir es ihnen gerne anbieten würden. Man kann da natürlich, wenn man sich hier trifft, immer darauf hinweisen und sagen: ›Wer da Interesse dran hat, gerne bei mir melden.‹

Um ein entsprechendes Vertrauensverhältnis zu erzeugen, bietet es sich an, das Lebensrückblickgespräch als ein freiwilliges Angebot bzw. als eine Empfehlung aufrechtzuerhalten und dieses nur mit dem expliziten Einverständnis der älteren Person durchzuführen.

Zusammenfassend lässt sich aus den gesammelten Erfahrungen festhalten, dass die Durchführung von Lebensrückblickgesprächen in Mehrgenerationenhäusern auf gute Voraussetzungen stößt. Das Etablieren dieser Methode ist ein Gewinn für die Einrichtung, die Bewohner*innen und die Durchführenden der Gespräche. Um die Methode langfristig in den Alltag zu implementieren, bietet es sich an, diese mit dem Anspruch zu verknüpfen, Generationen miteinander zu verbinden. Hierdurch würde ein gegenseitiges Verständnis zwischen den Generationen verbessert und Generationengespräche bestärkt. Dazu äußerte sich die Leiterin des Mehrgenerationenhauses abschließend.

LM: Einer unserer Aufträge hier im Haus ist ja, Generationen zusammenzubringen. Und da spiele ich schon länger mit dem Gedanken, wie könnte man das machen, dass man jetzt zum Beispiel Schulkinder, junge Erwachsene, wen auch immer mit Älteren zusammenbringt, was könnten das so für Themen sein. Es ist immer eine Überlegung wert, über die Biografiearbeit etwas Gemeinsames zu finden.

5.1.2 Lebensrückblickgespräch im Verein für Ehrenamt

Eine weitere Möglichkeit Lebensrückblickgespräche zu verorten, sind zum Beispiel Vereine, die sich der Organisation von ehrenamtlicher Arbeit widmen. Auch dieses Anwendungsfeld wurde im Laufe der Validierung des Materials in der Projektlaufzeit von *VorteilJena* eruiert. Bei der Verankerung der Lebensrückblickgespräche in der Ehrenamtsarbeit sind wir im Gespräch mit einem hauptamtlich angestellten Projektleiter für ein Besuchs- und Patenprogramm auf einige konkrete Vorbehalte und Herausforderungen gestoßen. Diese möchten wir nachfolgend anführen und jeweilige Lösungsansätze dafür aufzeigen.

Thema: Motivation zur Durchführung der Lebensrückblickgespräche durch ehrenamtlich tätige Personen

In der Verankerung der Materialien innerhalb eines Besuchs- und Patenprogramms des Vereins zur Ehrenamtsarbeit bestand die hauptsächliche Herausforderung in der Motivation vor allem älterer ehrenamtlich tätiger Personen, die Methode des Lebensrückblickgesprächs aufzugreifen. Hier sah der hierfür interviewte Projektleiter die Schwierigkeit darin, mit dieser neu eingeführten Methode die älteren Ehrenamtlichen zu begeistern.

Projektleiter eines Ehrenamtvereins (PE): Es ist ja auch schwierig für mich als Projektleiter, meine Ehrenamtlichen in irgendeine Richtung zu drängen. Also ich gebe das alles immer ganz unverbindlich mit rein und sage: ›Gucken Sie es sich an und überlegen Sie sich, ob Sie es nutzen können.‹ Deshalb ist es umso wichtiger, gerade weil die meisten, die zu den Stammtischen kommen, schon die etwas Älteren sind – also die meisten, die kommen sind 40/50 + –, und die wollen auch ganz genau wissen, wofür das genutzt wird und wem das etwas bringt.

Einen Lösungsansatz erkannte der Projektleiter in einer wirksamen Motivation der Ehrenamtlichen, indem diese genügend Informationen zu den Hintergründen und zur Wirksamkeit der Lebensrückblickgespräche erhielten. Es bedarf einer umfassenden Aufklärung, um so das Verständnis um die Vorteile und den Nutzen der Methode darzulegen. Das Aneignen der Ausführungen in den ersten Kapiteln dieses Buches können diese Herausforderung kompensieren.

PE: Und das sehe ich so als nachhaltig wirklich gute Möglichkeit, denn die Motivation des oder der Ehrenamtlichen in dem Fall zu wecken und sich dafür auch dann mit den Fragen gut auseinanderzusetzen.

Thema: Gesprächsinhalte und emotionale sowie biografische Tiefe in Besuchskontakten

Aus den Rückmeldungen der ehrenamtlich Arbeitenden erfährt unser Gesprächspartner, dass während der Besuchsdienste bei zu Hause lebenden älteren Personen häufiger »unverbindliche« bzw. oberflächliche Gesprächsinhalte thematisiert werden. Er sieht darin eine Problematik für das Einführen des Lebensrückblickgesprächs, da es vielen Ehrenamtlichen schwerfiele, sich auf neue inhaltliche bzw. tiefergreifendere Gesprächsebenen einzulassen.

PE: Dieses Ehrenamtsverhältnis, bei dem man sich einmal die Woche trifft, glaube ich, geht selten wirklich so sehr in die Tiefe. Man unterhält sich oft über Alltagsdinge, man geht spazieren, man fragt, wie denn die letzte Woche so gewesen ist. Das sind Themen, die mir berichtet werden – man redet viel über so allgemeine Sachen, übers Wetter oder das, was in der Zeitung stand, das was in der Stadt passiert ist.

Da sich Gespräche beim allgemeinen Besuchsdienst vor allem auf Themen des Alltäglichen bezögen, besteht mit dem Einführen des Lebensrückblickgesprächs die Möglichkeit, die Intensität der Beziehung zu vertiefen und neue Perspektiven und Wirkungen im gemeinsamen Austausch zu erzielen. Insofern ist das Hinzuziehen dieser Methode eine Bereicherung, insofern sie sich als freiwillige Alternative im Kontakt mit älteren Menschen aufgreifen lässt und ein tragfähiges Vertrauensverhältnis zwischen der ehrenamtlich tätigen Person und der älteren Person besteht.

Thema: Überforderung bei ehrenamtlich Tätigen aufgrund emotionaler Ausbrüche

Eine weitere Hürde sieht der Projektleiter in der Gefahr der emotionalen Überforderung der Ehrenamtlichen.

PE: Wenn der oder die Ehrenamtliche Fragen zur Kindheit stellt und der oder die Gegenüber dann in Tränen ausbricht, weil irgendwelche Erinnerungen hochkommen, ist das auch für die Ehrenamtlichen immer eine ganz schwierige Situation. Nicht jeder kann sich besonders gut abgrenzen in solchen Fällen. Wenige wissen, wie sie darauf angemessen reagieren sollen. Ich glaube, da ist viel Angst da.

Die Unsicherheit, mit aufkommenden negativen Emotionen seitens der Erzählenden nicht passend umgehen zu können, stellt sich dem Projektleiter als eine ernsthafte Problematik dar. Mit dieser Befürchtung im Hinterkopf könnten sich die Ehrenamtlichen bereits vorab gegen das Durchführen eines Lebensrückblickgesprächs entscheiden. Hilfestellungen dazu finden sich im Manual. Im Gespräch mit dem Projektleiter ergab sich ein Lösungsvorschlag, wie im Verein für Ehrenamtliche mit dieser Sorge umgegangen werden könnte. Bei solchen Situationen ist sein Zutrauen für die Handhabbarkeit bei jüngeren bzw. sozialpädagogisch vorgebildeten Ehrenamtlichen größer.

PE: Am erfolgversprechendsten wäre es wahrscheinlich bei jungen Ehrenamtlichen mit akademischem Hintergrund, die aus dem angrenzenden psychosozialen Bereich kommen, weil die allein mit den Methoden schon auch in ihrem Studium in Kontakt gekommen sind. Da ist einfach der Erklärungsbedarf schon mal nicht so hoch. Und es gibt auch eine viel größere Akzeptanz diesen Dingen gegenüber.

5.1.3 Lebensrückblickgespräch im Seniorenheim

Im abschließenden Gespräch mit einem bereits von Projektbeginn an Umsetzung der Projektidee stark engagierten Leiter eines Seniorenheims, stellte vor allem die Implementierung der Lebensrückblickgespräche in der alltäglichen Praxis eine zentrale Gesprächssäule dar. Die Verankerung der Methode bindet er in einem bestehenden Pflegekonzept ein, das vereinheitlichte Standards der Beschäftigungsangebote für Betreuungskräfte innerhalb der Seniorenheime beinhaltet.

Thema: Implementierung von Lebensrückblickgesprächen in Gruppen oder Kurzinterventionen durch Betreuungskräfte

Leiter eines Seniorenheims (LS): Und da sind – ich glaube mittlerweile 14 oder sogar noch mehr – Standards, die angeboten werden und die Tätigkeiten wie das Kochen, das Märchen erzählen, die Gesprächsführung, die basale Stimulation, aber auch die Zuwendung abbilden. Darin werden die Problemstellung, die Ziele und die Maßnahmen wiedergegeben, mit denen die Ziele erreicht werden sollen.

In das bereits etablierte und standardisierte Betreuungskonzept lässt sich das Manual für Lebensrückblickgespräche als eine Erweiterung in die Beschäftigungsvielfalt des Heims integrieren.

LS: Mit unseren 88 Bewohner*innen kommen wir so ungefähr auf einen Personalschlüssel von 15 Minuten Betreuungsangebot pro Tag. Das klingt nicht viel, aber wenn man das jetzt in ein Gruppentherapieangebot umsetzt, so Kleinstgruppe drei Leute, hat man 45 Minuten Zeit, ein Beschäftigungsangebot zu machen. Deswegen war ja auch so ein bisschen die Intention, dass wir das Projekt genau dort starten, wo es am sinnvollsten für mich schien, nämlich im Betreuungsbereich. Dass man sozusagen auch hier sagt, das Tool Lebensrückblickgespräch findet Eingang ins Betreuungskonzept und wird über das Betreuungskonzept mit angebunden.

Da die zeitliche Kapazität in der Betreuung wie so häufig ein relevantes Thema darstellt, visiert der Heimleiter das Betreuungspersonal für die Arbeit mit dem Lebensrückblickgespräch im Rahmen einer Gruppenarbeit an. Mit einer passenden Umgestaltung der zeitlichen Vorgaben und einer Anpassung des Lebensrückblickgesprächs, wie zum Beispiel in der Gruppe, ließe sich ein zeitlicher Freiraum schaffen. Dies gilt natürlich nur für die Personen, die aufgrund ihrer körperlichen und geistigen Verfassung den kognitiven und zeitlichen Anforderungen entsprechen können. Ein strukturiertes Erinnern ist, wie im folgenden Abschnitt thematisiert, bei vielen kognitiv beeinträchtigten Seniorenheimbewohner*innen eine Herausforderung.

Thema: Lebensrückblickgespräch bei fortschreitenden Erkrankungen, wie z. B. Demenz

LS: Mit diesen 45 Minuten ist man bei demenzerkrankten Menschen schon weit über der Belastungsgrenze. Da sind Zehn-Minuten-Aktivierungen häufig die besseren Instrumente, um die dementen Bewohner*innen dann auch zu erreichen. Dann ist das eher ein Instrument in Einzeltherapieangeboten, Einzelbeschäftigungen oder Hilfe zur Krisenbewältigung. Da lässt sich mit dem Angebot beispielsweise mit einer Puppe über die Haptik den Bewohner ansprechen, um ihm auch das Gefühl von Wohlbefinden zu vermitteln. Ja, also das ist das Ziel, in diesem Rahmen kann ich mir das sehr gut vorstellen.

Für Personen, die mit deutlich hohem Pflegegrad und hohen kognitiven Einschränkungen leben, ist eine Kurzintervention einer längeren Aktivierung vorzuziehen. Unterschiedliche Interventionen und Tools aus der Arbeit mit alten Menschen lassen sich hier miteinander kombinieren, um die Personen in passender Form anzusprechen. Auch die Fragen innerhalb des Lebensrückblickgesprächs lassen sich mit zusätzlichen, teils haptischen Modulen verbinden. Gleichzeitig lässt sich die Zeit auf eine den Einschränkungen entsprechende Länge anpassen und in einzelnen Themen modular bearbeiten.

LS: Dass man sagt Zehn-Minuten-Aktivierung, wir unterhalten uns jetzt mal zu Schule und Arbeit. Ja? Oder zur Freizeit. Wie war Freizeit früher, wie haben sie Freizeit erlebt. Das könnte so, das ist ein Thema, das kann in zehn Minuten bearbeitet sein.

Insofern spricht er einen modularen Aufbau des Lebensrückblickgespräches an, der sich zusätzlich mit der Verwendung des »Digitalen Lebensrückblicks« (siehe nächstes Kapitel) realisieren lässt.

5.2 Digitaler Lebensrückblick

Unterschiedliche Möglichkeiten einen Lebensrückblick über eine digitale und internetbasierte Anwendung durchzuführen, sind in den vergangenen Jahren von diversen Anbietern entwickelt worden. Nennen lassen sich hierfür beispielsweise Programme wie Biogravision, Butler Health System,

LifeBio, Integrative Testimonial Therapy (ITT) oder Computer Interactive Reminiscence and Conversation Aid (CIRCA). Jede dieser Versionen verfügt über eine spezifische Ausrichtung, um reminiszenzfördernde Aspekte bei den Anwender*innen hervorzurufen, indem spezielle technische Tools und Designumsetzungen genutzt werden. Teilweise sind diese internetbasierten Anwendungen im Laufe der Zeit vom technischen Fortschritt überholt worden und daher online nicht mehr verfügbar. Digitale Lebensrückblickvarianten bieten nichtsdestotrotz eine gute Möglichkeit, ohne größere Voraussetzungen strukturierte Erinnerungen anzuregen. Sie können von Personen verschiedenen Alters (sofern ein grundlegendes Verständnis computertechnischer Anwendungen gegeben ist) online genutzt werden. Auch in Bezug auf Krankheiten werden diese teilweise gezielt eingesetzt (Westerhof et al., 2019). Vorteile sind hier, dass sie jederzeit individuell abruf- und nutzbar sind. Sie sind also zu gewünschten Zeiten pausier- und fortsetzbar und meist nicht von Dritten abhängig. Im vorgestellten Projekt *VorteilJena –Erinnern, erzählen, dabei sein* wurde auf Basis unseres Handbuches und Gesprächsleitfadens mit der Unterstützung einer Medienagentur der »Digitale Lebensrückblick« entwickelt, eingeführt und evaluiert.[11] Mit einem Passwort geschützten Nutzeraccount lassen sich hier personalisierte Profile anlegen und speichern.[12] In seiner Struktur angelehnt an die gedruckten Materialien zum Lebensrückblickgespräch werden auch hier anhand der drei gegliederten Lebensphasen *(Kindheit & Jugend, junges, mittleres und spätes Erwachsenenalter und der Gegenwart)* Fragen aufgerufen und schriftlich beantwortet. Auch wird nach jedem Lebensbereich die Möglichkeit geboten, eine resümierende Bilanz zu ziehen, in der eine gelingende Integration des Lebensabschnitts befördert wird. Diese Reflexionen können durch Fotos aus dieser Zeit ergänzt werden. Die eingetragenen Lebensbereiche sind zudem mit entsprechenden Jahreszahlen verknüpfbar und werden schließlich mithilfe eines Zeitstrahls visuell dargestellt. Der erstellte Lebensrückblick lässt sich schließlich in Form eines PDF-Dokuments ausdrucken. So können die auf Papier gebrachten Erinnerungen mit

11 Dieser ist eine onlinebasierte Variante und über die Homepage https://www.lebensrueckblick.com abrufbar.

12 Der personalisierte Zugang bietet datenschutzrechtliche und persönliche Sicherheit, die Daten werden zudem auf einem deutschen Webserver (Nürnberg) gespeichert und eine Weitergabe an Dritte wird ausgeschlossen (nähere Informationen zur Datensicherheit finden sich online unter https://www.lebensrueckblick.com/faq).

Familienangehörigen oder Freunden geteilt und besprochen oder als persönliches Dokument der eigenen Erinnerungsarbeit aufbewahrt werden.

Über diesen QR-Code gelangen Sie direkt zu dem »Digitalen Lebensrückblick«.

Der »Digitale Lebensrückblick« lässt sich von jeder daran interessierten Person selbstständig und individuell nutzen und zusätzlich innerhalb unterschiedlicher Lebens- und Arbeitskontexte einbinden. Er lässt sich zum Beispiel in Senioreneinrichtungen zur Kurzzeitaktivierung in das Betreuungsprogramm einbauen, sollte jedoch mit Unterstützung des Personals (ggf. Betreuungskräfte oder ehrenamtlich Engagierte) angeleitet werden. Als Kurzzeitaktivierung mit kognitiv eingeschränkten älteren Personen ist der »Digitale Lebensrückblick« eine niederschwellig einsetzbare Form und eine Bereicherung im Angebotsspektrum. Aber auch im erweiterten Familien- bzw. Freundeskreis lassen sich Erinnerungen anhand des gut strukturierten Angebotes anregen, teilen und für nachfolgende Generationen bewahren.

Im Rahmen einer wissenschaftlichen Qualifikationsarbeit (Kasper, 2018) wurde der »Digitale Lebensrückblick« hinsichtlich der *Akzeptanz* und der *Praktikabilität* seitens der Anwender*innen (Menschen ab ihrem 65. Lebensjahr) evaluiert. Die zentralen Fragen in dieser Arbeit waren, ob der »Digitale Lebensrückblick« von den Senior*innen selbstständig ohne Hilfe durchführbar ist, welche Fehlerquellen sich bei der Durchführung identifizieren lassen (Praktikabilität) und inwiefern die Durchführung nützlich sowie weiterhin vorstellbar erscheint (Akzeptanz). In den Ergebnissen in Bezug auf die Praktikabilität, die sich durch ein *Think-Aloud-Protokoll* (Erikson & Simon, 1980, 1984) von sieben Nuzter*innen ergaben, ließen sich einige spezifische Herausforderungen in der Bedienung des digitalen Angebotes durch ältere und alte Menschen herausstellen. Die Schwierigkeiten bestanden vor allem während der Registrierung auf der Website. Diese Herausforderungen ließen sich mit einer anfänglichen Unterstützung beim Registrierungsprozess durch eine medienkundige Person beheben. Insgesamt wurde der »Digitale Lebensrückblick« als altersgerechtes und bedienerfreundliches System wahrgenommen. Zur Frage der Akzeptanz des »Digitalen Lebensrückblicks« wurde von 100 Personen ein Online-Survey (Teilnehmer*innen der Umfrage hatten ein Alter zwischen 19 und 87 Jahren) ausgefüllt, durch den die gesellschaftliche Einstellung gegenüber dem digitalen Lebensrückblick erfasst wurde. Die Ergebnisse zeigten eine große Varianz im Interesse hinsichtlich des Angebots. Jedoch steht der »Digitale Lebensrückblick« frei zugänglich und kostenlos zur Verfügung, sodass das Aufgreifen dieses digitalen Angebots zur Praktizierung der Methode für jeden frei wählbar bleibt.

5.3 Lebensrückblickgespräche im Medizinstudium

Die Vermittlung der Methode des Lebensrückblickgesprächs kann außerdem gut in das Medizinstudium integriert werden. Ein Konzept für dessen Implementierung wurde ebenfalls im Rahmen des Projekts in Zusammenhang mit einer medizinischen Dissertation (Klapper, noch unveröffentlicht)[13] entwickelt, durchgeführt und evaluiert. Das konzipierte Seminar »Lebensrückblickgespräche im geriatrischen Kontext« wurde 2017 im Bereich der ambulant orientierten Medizin im siebten Fachsemester als Wahlpflichtfach im Curriculumsbereich für »Kommunikation« angeboten und in dem Unterrichtsblock der Fächer Neurologie, Psychiatrie und Psychosomatik angesiedelt. In diesem Block werden die vier Kategorien »Medizinisches Fachwissen«, »Untersuchung und Befunderhebung«, »Problemlösefähigkeiten« und »Communication Skills« schwerpunktmäßig unterrichtet. Entsprechend sinnvoll ließ sich das Wahlfachangebot als ein weiterer Baustein des Kommunikationstrainings einfügen. Konzeptionell war die Teilnahme von zehn Medizinstudierenden vorgesehen. Der Umfang betrug 16 Unterrichtseinheiten (UE), die sich in zwei Blockveranstaltungen (à 5 UE) zu Beginn und am Ende des Semesters teilten. Zwischen diesen beiden Veranstaltungen hatten die Studierenden Zeit, Kontakt mit den Geriatriepatient*innen aufzunehmen und vier ca. 90-minütige Lebensrückblickgespräche (Berechnung der 6 UE) zu führen.

---

13 Die Ergebnisse der Dissertation »Walpflichtfach: Lebensrückblickgespräche im geriatrischen Kontext« von E. Klapper werden in naher Zukunft einsehbar sein. Die Arbeit befindet sich zurzeit in der Finalisierung.

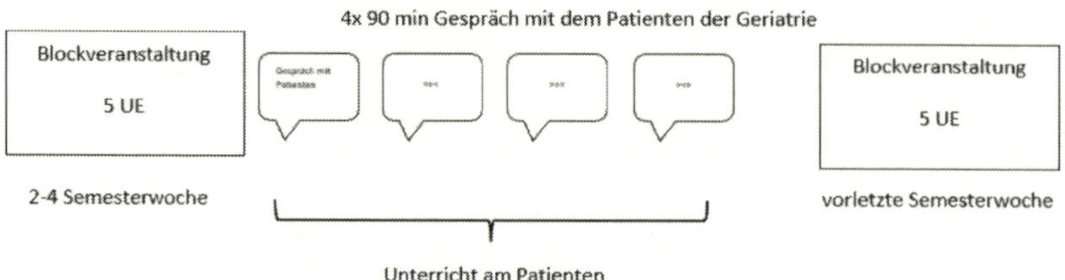

Abbildung 6: Design Wahlpflichtfach. Lebensrückblickgespräch im geriatrischen Kontext

Durch die Aufnahme des Lebensrückblickgespräches ins Medizinstudium werden positive synergetische Effekte impliziert. Einerseits können die Studierenden den Umgang mit geriatrischen Patient*innen üben und lernen, welche Bedeutung die jeweilige Lebensgeschichte in der Krankheitsgeschichte haben kann (von Weizsäcker, 1999). Andererseits können die Patient*innen in einer für sie schwierigen und ggf. von Einsamkeit durchdrungenen Situation von der integrativen Wirkung der Lebensrückblickgespräche profitieren.

6 Resümee für die Praxis

Nachfolgend sollen noch einmal die Vorteile der Lebensrückblickgespräche in der Praxis zusammenfassend aufgeführt werden:

- Die Materialien zur Durchführung von Lebensrückblickgesprächen in drei Gesprächseinheiten stehen als evidenzbasiertes niederschwelliges Angebot für die Anwendung im privaten sowie im beruflichen Bereich zur Verfügung.
- Mithilfe der konkreten Anleitungen lässt sich ein Lebensrückblickgespräch ohne Vorbildung durch interessierte Person nutzen.
- Lebensrückblickgespräche auf Basis der entwickelten Materialien wirken sich positiv auf die psychische Gesundheit von älteren Menschen aus.

Die Lebensrückblickgespräche ließen sich, um auch ein haptisches Ergebnis der Gespräche zu erhalten, mit dem Erstellen eines »Lebensbuches« abrunden, in dem die erinnerten Erzählungen schriftlich erfasst und bildlich (mit vorhandenen Fotos und Dokumenten aus den vergangenen Zeiten) illustriert werden. Die Gestaltung eines solchen Buches ist frei und je nach Aufwand und Geschmack individuell umsetzbar.

Abschließend möchten wir auf die Begrenzungen in der Anwendung der Lebensrückblickgespräche hinweisen: Das Lebensrückblickgespräch in drei Gesprächseinheiten ist weniger gut geeignet, wenn die Personen in psychischer Hinsicht besonders belastet sind, diese zum Beispiel unter Depressionen leiden oder traumatisiert sind. Die Durchführenden sollten eventuell empfundene Grenzen (Depressivität oder Traumata der Erzählenden) im Umgang mit dem Lebensrückblickgespräch sensibel beachten. Bei Unsicherheit oder Überforderung sollte die Expertise von Ärzt*innen und Psychotherapeut*innen hinzugezogen werden.

Literatur

Afonso, R.M. (2011). Reminiscence, psychological well-being, and ego integrity in Portuguese elderly people. *Educ Gerontol, 37*(12), 1063–1080.

Arkoff, A., Meredith, G.M. & Dubanoski, J.P. (2004). Gains in well-being achieved through retrospective-proactive life review by independent older women. *J Humanist Psychol, 44*(2), 204–214.

Assmann, J. (1992). *Das Kulturelle Gedächtnis. Schrift, Erinnerung und politische Identität in frühen Hochkulturen*. München: C.H. Beck.

Atchley, R.C. (1989). A Continuity Theory of normal aging. *Gerontologist, 29*(2), 183–190.

Au, C. & Sowarka, D. (2013) Wohnraum und Wohnfeldgestaltung im demografischen Wandel. *Informationsdienst Altersfragen, 5*(40), 3–5.

Baltes, P.B. (1987). Theoretical propositions of life-span developmental psychology: on the dynamics between growth and decline. *Developmental Psychology, 23*(5), 611–626.

Beck, U. (1986). *Risikogesellschaft. Auf dem Weg in eine andere Moderne*. Frankfurt a.M.: Suhrkamp.

Berger, U., Fehlinger, M., Mühleck, J., Wick, K. & Schwager, S. (2019). Inklusive Forschung: Validierung der Skala zur Allgemeinen Selbstwirksamkeitserwartung (SWE) in Leichter Sprache an einer Stichprobe von Schülerinnen und Schülern mit sonderpädagogischem Förderbedarf. *Psychother Psych Med* (e-first).

Berkemeyer, N., Kracke, B., Meißner, S. & Noack, P. (2020). *Schule gemeinsam gesund gestalten – Facetten, Erfahrungen und Ergebnisse zweier schulischer Interventionsstrategien*. Weinheim: Beltz Juventa.

Birren, J.E. & Cochran, K.N. (2001). *Telling stories of life through guided autobiography groups*. Baltimore: Johns Hopkins University Press.

Bluck, S. & Alea, N. (2002). Exploring the functions of autobiographical memory: why do I remember the autumn? In J.D. Webster & B.K. Haight (Hrsg.), *Critical Advances in Reminiscence: From Theory to Application* (S. 61–75). New York: Springer.

Bohlmeijer, E., Roemer, M., Cuijpers, P. & Smit, F. (2007). The effects of reminiscence on psychological well-being in older adults: A meta-analysis. *Aging & Mental Health, 11*(3), 291–300.

Bohlmeijer, E., Smit, F. & Cuijpers, P. (2003). Effects of reminiscence and life review on late-life depression: A meta-analysis. *International Journal of Geriatric Psychiatry, 18*(12), 1088–1094. https://doi.org/ 10.1002/gps.1018

Böhm, K., Tesch-Römer, C. & Ziese, T. (2009). *Beiträge zur Gesundheitsberichterstattung des Bundes Gesundheit und Krankheit im Alter*. Berlin: Robert Koch-Institut.

Butler, R.N. (1963). The life review: an interpretation of reminiscence in the aged. *Psychiatry Interpersonal & Biological Process, 26*(1), 65–76.

Butler, R.N. (1974). Successful aging and the role of the life review. *Journal of the American Geriatrics Society, 22*(12), 529–535.

Cappeliez, P., O'Rourke, N. & Chaudhury, H. (2005). Functions of reminiscence and mental health in later life. *Aging & Mental Health, 9*(4), 295–301.

Chen, Y., Xiao, H. & Lin, X. (2017). Developing a mind map–based life review program to improve psychological well-being of cancer patients: a feasibility study. *Psycho-oncology, 27*(1), 339–342.

Chiang, K.J., Chu, H., Chang, H.J., Chung, M.H., Chen, C.H. & Chiou, H.Y. (2010). The effects of reminiscence therapy on psychological well-being, depression, and loneliness among the institutionalized aged. *Int J Geriatr Psychiatry, 25*(4), 380–388.

Chochinov, H.M., Hack, T., Hassard, T., Kristjanson, L.J., McClement, S. & Harlos, M. (2005). Dignity therapy: a novel psychotherapeutic intervention for patients near the end of life. *Journal of clinical oncology, 23*(24), 5520–5525.

Damasio, A. (2011). *Selbst ist der Mensch: Körper, Geist und die Entstehung des menschlichen Bewusstseins*. München: Siedler.

Denninger, T., van Dyk, S., Lessenich, S. & Richter, A.S. (2014). *Leben im Ruhestand. Zur Neuverhandlung des Alters in der Aktivgesellschaft*. Bielefeld: transcript.

Deutsches Institut für Medizinische Dokumentation und Information, WHO-Kooperationszentrum für das System Internationaler Klassifikationen (Stand Oktober 2005). ICF –Internationale Klassifikation der Funktionsfähigkeit, Behinderung und Gesundheit.

Dörrie, D. (2019) *Leben, atmen, schreiben. Eine Einladung zum Schreiben*. Zürich: Diogenes.

Dose, A.M., Hubbard, J.M., Mansfield, A.S., McCabe, P.J., Krecke, C.A. & Sloan, J.A. (2017). Feasibility and Acceptability of a Dignity Therapy/Life Plan Intervention for Patients With Advanced Cancer. *Oncol Nurs Forum, 44*(5), 194–202. https://doi.org/10.1188/17.ONF.E194-E202

Dykstra, P.A. (2009). Older adult loneliness: myths and realities. *European Journal of Ageing, 6*(2), 91–100.

Ericsson, K.A. & Simon, H.A. (1980). Verbal reports as data. *Psychological review, 87*(3), 215.

Ericsson, K.A. & Simon, H.A. (1984). *Protocol analysis*. Cambridge, MA: MIT press.

Erikson, E.H. (1959). *Identity and the Life Cycle*. New York: International Universities Press.

Erikson, E.H. (1975). *Dimensionen einer neuen Identität*. Frankfurt a.M.: Suhrkamp.

Esmaeili, M. & Usefynezhad, A. (2015). Effectiveness Life Review on Life Satisfaction among Adolescents under the Supervision of Qazvin Well-Being Center. *Open Journal of Psychiatry, 6*, 1–7.

Ferring, D. & Filipp, S.H. (1996). Messung des Selbstwertgefühls: Befunde zu Reliabilität, Validität und Stabilität der Rosenberg-Skala. *Diagnostica, 42*(3), 284–292.

Fischer, W. (2006). Über die allmähliche Verfertigung des Selbst beim Sprechen von sich. Begrenzung und Entgrenzung der Erinnerung im autobiografischen Dialog. In B. Strauß & M. Geyer (Hrsg.), *Psychotherapie in Zeiten der Globalisierung* (S. 307–336). Göttingen: Vandenhoeck & Ruprecht.

Fischer-Rosenthal, W. (2000). Biographical work and biographical structuring in present-day societies. In P. Chamberlayne, J. Bornat & T. Wengraf (Hrsg.), *The turn to biographical methods in social science: comparative issues and examples* (S. 109–125). London: Routledge.

Fivush, R., Habermas, T., Waters, T.E. & Zaman, W. (2011). The making of autobiographical memory: Intersectios of culture, narratives and identity. *International Journal of Psychology, 46*(5), 321–345.

Franzese, F. (2020). *Mentale und physische Gesundheit im Alter. Der Einfluss von Armut, Einkommensungleichheit und Vermögensungleichheit*. Opladen, Berlin, Toronto: Budrich Academic Press.

Freud, S. (1895d). Studien über Hysterie. *GW I*, 75–312.

Geberen, C. & Kopinitsch-Berger, S. (1998). *Auf den Spuren der Vergangenheit: Anleitung zur Biographiearbeit mit älteren Menschen*. Wein, München, Bern: Maudrich.

Gudjons, H.T., Wagener-Gudjons, B. & Pieper, M. (2020). *Auf meinen Spuren. Übungen zur Biografiearbeit* (8. unveränd. Aufl.). Bad Heilbrunn: Klinkhardt.

Habermas, T. (2011). Identität und Lebensgeschichte heute. Die Form autobiografischen Erzählens. *Psyche, 65*(7), 646–668.

Habermas, T. (2014). Dreaming the other's past: Why remembering may still be relevant to psychoanalytic therapy, at least in some traditions. *International Journal of Psychoanalysis, 95*, 951–963.

Haight, B.K. & Haight, B.S. (2007). The Handbook of Structured Life Review. *International Psychogeriatrics, 23*(2), 335–336.

Halbwachs, M. (1985). *Das Gedächtnis und seine sozialen Bedingungen*. Frankfurt a.M.: Suhrkamp.

Hallford, D.J. & Mellor, D. (2017). Autobiographical Memory-Based Intervention for Depressive Symptoms in Young Adults: A Randomized Controlled Trial of Cognitive-Reminiscence Therapy. *Psychotherapy and Psychosomatics, 85*(4), 246–249.

Heikkinen, R. & Kauppinen, M. (2004). Depressive Symptoms in Late Life: A 10-Year Follow-Up. *Archives of Gerontology and Geriatrics, 38*, 239–250. http://dx.doi.org/10.1016/j.archger.2003.10.004

Hesse, M., Forstmeier, S., Cuhls, H. & Radbruch, L. (2019). Volunteers in a biography project with palliative care patients – A feasibility study. *BMC Palliative Care, 18*(79), 2–8.

Hustvedt, S. (2014). *Leben, denken, schauen. Essays*. Reinbek: Rowohlt.

Kasper, V. (2018). Online Erinnern – Praktikabilität und Akzeptanz des Digitalen Lebensrückblicks im Projekt VorteilJena. Masterarbeit zur Erlangung des akademischen Grades, Institut für Psychosoziale Medizin und Psychotherapie, Friedrich-Schiller-Universität Jena. Unveröffentlicht.

Kirschner, H., Zimmermann, A., Singh, S., Forstmeier, S., Mill, W., Werner, B. & Strauss, B. (2019). Erinnern, Erzählen, Dabei Sein – Teilhabe älterer Menschen durch Lebensrückblickinterviews. *Präv Gesundheitsf, 14*, 40–46. https://doi.org/10.1007/s11553-018-0677-7

Kissane, D.W., Lethborg, C., Brooker, J., Hempton, C., Burney, S., Michael, N., Stalpes, M., Osicka, T., Sulistio, M., Shapiro, J. & Hiscock, H. (2019). Meaning and Purpose (MaP) therapy II: Feasibility and acceptability from a pilot study in advanced cancer. *Palliative and Supportive Care, 17*(1), 2128. https://doi.org/10.1017/S1478951518000883

Klika, D. (2016). Autobiographien als Kinder ihrer Zeit. *BIOS – Zeitschrift für Biographieforschung, Oral History und Lebensverlaufsanalysen, 29*(2), 275–284. https://doi.org/10.3224/bios.v29i2.10

Korte, J., Drossaert, C.H.C., Westerhof, E.T. & Bohlmeijer, E.T. (2014). Life review in groups? An explorative analysis of social processes that facilitate or hinder the effectiveness of life review. *Aging Ment Health, 18*(3), 376–384.

Kracke, B., Mayhack, K., Noack, P. & Weber-Liel, D. (2019). *Übergangskonferenzen – Eine Praxishilfe zur individuellen Übergangsgestaltung in Kindergarten und Schule.* Weinheim: Beltz Juventa.

Kruse, A., Gaber, E., Heuft, G. & Oster P. (2002). *Gesundheitsberichterstattung des Bundes – Gesundheit im Alter.* Robert Koch-Institut.

Kühnel, S. & Markowitsch, H.J. (2009). *Falsche Erinnerungen. Die Sünden des Gedächtnisses.* Heidelberg: Akademischer Verlag.

Laplanche, J. & Pontalis, J.-B. (1989). *Das Vokabular der Psychoanalyse.* Frankfurt a.M.: Suhrkamp.

Löffler, K. (2005). Anwendungen des Biografischen. Sondierungen in den neuen Arbeitswelten. In T. Hengartner & B. Schmidt-Lauber (Hrsg.), *Leben – Erzählen. Beiträge zur Erzähl- und Biografieforschung* (S. 183–198). Berlin, Hamburg: Dietrich Reimer.

Maercker, A. (2002). *Alterspsychotherapie und klinische Gerontopsychologie.* Berlin, Heidelberg: Springer.

Maercker, A. & Forstmeier, S. (2013). *Der Lebensrückblick in Therapie und Beratung.* Berlin, Heidelberg: Springer.

Markowitsch, H.J. & Welzer, H. (2005). *Das autobiografische Gedächtnis. Hirnorganische Grundlagen und biosoziale Entwicklung.* Stuttgart: Klett-Cotta.

Masur, H. (Hrsg.). (2000). *Skalen und Scores in der Neurologie: Quantifizierung neurologischer Defizite in Forschung und Praxis* (2. Aufl.). Stuttgart, New York: Georg Thieme.

McAdams, D.P. (1992). Unity and purpose in human lives: The emerge of identity as a life story. In R.A. Zucker, A.I. Rabin & J. Aronoff (Hrsg.), *Personality structure in the life course* (S. 323–375). New York: NY Springer.

McAdams, D.P. (2001). The psychology of life stories. *Review of General Psychology, 5*(2), 100–122.

Neisser, U. (1988). Five kinds of self-knowledge. *Philosophical Psychology, 1*(1), 35–59.

Nolte, D., Bühren, S.C., Burchert, S. & Kraußlach, H. (2018). Gesund und zufrieden ins Berufsleben starten – Studie zur sozialen Teilhabe, Selbstwirksamkeit und Gesundheit von Auszubildenden in Unternehmen. GfA, ARBEIT(S).WISSEN.SCHAF(F)T – Grundlage für Management & Kompetenzentwicklung, Frankfurt a.M.

Ortheil, H.-J. (2013). *Schreiben über mich selbst. Spielformen des autobiografischen Schreibens* (Duden – Kreatives Schreiben). Berlin, Mannheim, Zürich: Dudenverlag.

Osborn, C., Schweitzer, P. & Trilling, A. (1997). *Erinnern: eine Anleitung zur Biographiearbeit mit alten Menschen.* Freiburg im Breisgau: Lambertus.

Osborn, C., Schweitzer, P. & Trilling, A. (2012). *Erinnern. Eine Anleitung zur Biografiearbeit mit älteren Menschen.* Freiburg: Lambertus.

Parker, R.G. (1999). Reminiscence as Continuity: Comparison of Young and Older Adults. *Journal of Clinical Geropsychology, 5*, 147–157.

Patterson, A.C. & Veenstra, G. (2010). Loneliness and risk of mortality: a longitudinal investigation in Alameda County, California. *Soc Sci Med, 71*(1), 181–186.

Pennebaker, J.W. & Seagal, J.D. (1999). Forming a Story. The Health Benefits of Narrative. *J Clin Psychol, 5*(10), 1243–1254.

Pinquart, M., Duberstein, P. & Lyness, J.M. (2006). Treatments for later-life depressive conditions: A metaanalytic comparison of pharmacotherapy and psychotherapy. *American Journal of Psychiatry, 163*(9), 1493–1501.

Pinquart, M., Duberstein, P. & Lynness, J.M. (2007). Effects of psychotherapy and other behavioral interventions on clinically depressed older adults: A meta-analysis. *Aging & Mental Health, 11*(6), 645–657.

Pinquart, M. & Forstmeier, S. (2012). Effects of reminiscence interventions on psychosocial outcomes: A meta-analysis. *Aging Ment Health, 16*(5), 541–558.

Pinquart, M. & Sörensen, S. (2001). How effective are psychotherapeutic and other psychosocial interventions with older adults? – A meta-analysis. *Journal of Mental Health and Aging, 7*(2), 207–243.

v. Plato, A. (1991). Oral History als Erfahrungswissenschaft. Zum Stand der »mündlichen Geschichte« in Deutschland. *BIOS, 4*(1), 97–119.

Pohl, R. (2007). *Das autobiografische Gedächtnis. Die Psychologie unserer Lebensgeschichte*. Stuttgart: Kohlhammer.

Pot, A.M. & v. Asch, I. (2013). Lebensrückblick für ältere Erwachsene: Ein gruppentherapeutischer Ansatz. In A. Maercker & S. Forstmeier (Hrsg.), *Der Lebensrückblick in Therapie und Beratung* (S. 171–186). Berlin: Springer.

Quindeau, I. (2019). Die Inflation des Traumabegriffs. *PiD – Psychotherapie im Dialog, 20*(02), 26–31.

Richter, L. (2018). »Wer weiß, wozu es gut war« – Rekonstruktion und Bewertung des eigenen Lebens in Lebensrückblickgesprächen mit älteren Menschen. Masterarbeit zur Erlangung des akademischen Grades, Institut für Psychosoziale Medizin und Psychotherapie, Friedrich-Schiller-Universität Jena. Unveröffentlicht.

da Rocha Rodrigues, M.G., Pautex, S. & Zumstein-Saha, M. (2019). Review: An intervention promoting the dignity of individuals with advanced cancer: A feasibility study. *European Journal of Oncology Nursing, 39*, 81–89.

Rybarczyk, B. & Bellg, A. (1997). *Listening to Life Stories*. New York: Springer.

Schafer, D.E., Berghorn, F.J., Holmes, D.S. & Quadagno, J.S. (1986). The effects of reminiscing on the perceived control and social relations of institutionalized elderly. *Act Adapt Aging, 8*(3–4), 95–110.

Schmidt, G. (2020). *Gedächtnistraining für Senioren: Methoden und Spiele für die Praxis*. München: Don Bosco.

Schreiber, B. (2022). *Schreiben zur Selbsthilfe. Weil Worte wirken: Glück erleben – gesund werden*. Berlin: Springer.

Schwager, S., Berger, U., Gläser, A., Strauss, B. & Wick, K. (2019). Evaluation of »Healthy Learning. Together«, an Easily Applicable Mental Health Promotion Tool for Students Aged 9 to 18 Years. *International Journal of Environmental Research and Public Health, 16*, 487.

Schweitzer, P. & Errollyn, B. (2010). *Das Reminiszenz-Buch: Praxisfaden zur Biografie- und Erinnerungsarbeit mit alten Menschen*. Bern: Huber.

Sheikh, J.I. & Yesavage, J.A. (1986). Geriatric Depression Scale (GDS): Recent evidence and development of a shorter version. *Clinical Gerontology, 5*, 165–173.

Sherman, E. & Peak, T. (1991). Patterns of Reminiscnce and the Assessment of Late Life Adjustment. *Journal of Geronological Social Work, 16*(1–2), 59–75.

Statistisches Bundesamt (2019). Bevölkerung im Wandel. Annahmen und Ergebnisse der 14. koordinierten Bevölkerungsvorausberechnung. Wiesbaden.

Statistisches Bundesamt, Deutsches Zentrum für Altersfragen & Robert Koch Institut (2009). Beiträge zur Gesundheitsberichterstattung des Bundes. Gesundheit und Krankheit im Alter. Robert Koch-Institut: Berlin.

Stroß, A.M. (2018). *Gesundheit und Bildung. Reflexionsansprüche und Professionalisierungsperspektiven*. Wiesbaden: Springer VS.

Taylor, C. (1996). *Quellen des Selbst. Die Entstehung der neuzeitlichen Identität*. Frankfurt a.M: Suhrkamp.

Tesch-Römer, C. & Engstler, H. (2020). Wohnsituation der Menschen ab 65 Jahren: Mit Angehörigen, allein oder im Pflegeheim. *DZA-Fact Sheet. Deutsches Zentrum für Altersfragen*.

Vuksanovic, D., Green, H.J., Dyck, M. & Morrisey, S.A. (2017). Dignity Therapy and Life Review for Palliative Care Patients: A Randomized Controlled Trial. *J Pain Symptom Manage, 53*(2), 162–170.

Wallner, H. (1987). Untersuchung über die Beziehung zwischen Lebenszufriedenheit, Selbstbild und Kontrollerwartung bei älteren Menschen. Dissertationsschrift an der Universität Innsbruck.

Webster, J.D. (1993). Construction and validation of the reminiscence functions scale. *Journal of Gerontology: Psychological sciences, 48*, 256–262.

Webster, J.D. (1994). Predictors of reminiscence: A lifespan perspective. *Canadian Journal on Aging, 13*(1), 66–78.

v. Weizsäcker, V. (1999). Krankengeschichte. In D. Janz (Hrsg.), *Biographie, Geschichte, Dokumentation. Beiträge zur medizinischen Anthropologie. Band 2*. Heidelberg: Königshausen & Neumann.

Weltgesundheitsorganisation (2005). ICF – Internationale Klassifikation der Funktionsfähigkeit Behinderung und Gesundheit. WHO-Kooperationszentrum für das System Internationaler Klassifikationen, Genf.

Westerhof, G.J., Lamers, S.M.A., Postel, M.G. & Bohlmeijer, E.T. (2019). Online Therapy for Depressive Symptoms: An Evaluation of Counselor-Led and Peer-Supported Life Review Therapy. *The Gerontologist, 59*(1), 135–146.

Wilson, R.S., Scherr, P.A., Schneider, J.A., Tang, Y. & Bennett, D.A. (2007). Relation of cognitive activity to risk of developing Alzheimer disease. *Neurology, 69*(20), 1911–1920.

Winkler, P. (2016). *Meine Biografie selbst schreiben: Die 7 Schritte zum Schreiben Ihrer Lebensgeschichte(n) als Taschenbuchausgabe*. Norderstedt: BoD – Books on Demand.

Wong, P.T.P. & Watt, L.M. (1991). What types of reminiscence are associated with successful aging? *Psychol Aging, 6*(2), 272–279.

Zhang, X. (2017). Effects of life review on mental health and well-being among cancer patients: A systematic review. *International Journal of Nursing Studies, 74*, 138–148.

Zimmermann, A., Kirschner, H., Singh, S., Altmann, U., Mill, W., Forstmeier, S. & Strauss, B. (2019). Praxistaugliche Materialien zur Durchführung von Lebensrückblicken. *Psychotherapeut, 64*(1), 31–37.

Zimmermann, S., v. d. Hal, E., Auerbach, M., Brom, D., Ben-Ezra, L., Tischler, R., Cassif-Weissberg, L., Nof, R. & Forstmeier, S. (2021). Life review therapy for holocaust survivors: Two systematic case studies. *Psychotherapy: Theory, Research, Practice, Training*, 1–13.

Anhang

Manual zum Lebensrückblickgespräch

Mit diesem QR-Code gelangen Sie zu einem
Online-PDF des Manuals.

Eine Anleitung zum Lebensrückblickgespräch

Erinnern, erzählen, dabei sein

– Gesund im Dialog –

UNIVERSITÄTS KLINIKUM jena

vorteiljena
Vorbeugen durch Teilhabe

GEFÖRDERT VOM
Bundesministerium für Bildung und Forschung

INHALT

EINIGE WORTE VORAB ...

In den Händen halten Sie eine Anleitung zur Führung eines *Lebensrückblickgesprächs*, welches im Rahmen der Gesundheitsregion „VorteilJena" entwickelt worden ist[1]. Das Projekt VorteilJena zeichnet die wissenschaftlich begründete Gestaltung einer Gesundheitsregion in Jena aus, die mit unterschiedlichen Teilprojekten für die Schule, den Betrieb und die SeniorInnenarbeit die Teilhabe und das Miteinander in der Bevölkerung stärken möchte.

Der *Lebensrückblick* ist speziell für die Durchführung mit Menschen ab 65 Jahre entwickelt, die sich in unterschiedlichen Lebensumständen befinden: SeniorInnen, die selbstständig ihren eigenen Haushalt führen, in Tagesstätten einkehren, in Mehrfamilienhäusern, SeniorInnenheimen oder Wohnungen des ServiceWohnen etc. leben.

Hiermit möchten wir Ihnen eine Handhabe für Ihren Umgang mit der persönlichen Geschichte älterer Menschen geben, wenn Sie als ehrenamtliche, betreuende, oder pflegende Person tätig sind oder als Familienmitglied oder interessierte Person in Kontakt mit älteren Menschen stehen. Bitte nehmen Sie sich die Zeit, dieses Handbuch vor der Durchführung des Lebensrückblickgesprächs in Ruhe durchzulesen. So sind Sie mit hilfreichen Aspekten zur Gesprächsführung vertraut und können umfassend auf Ihr Gegenüber eingehen. Wir wünschen Ihnen viel Freude beim Erfahren der Lebensgeschichten und beim Teilen von bewegenden Momenten und wichtigen Ereignissen im Leben der älteren Person.

---

[1] Das Handbuch wurde ursprünglich von Prof. Simon Forstmeier entwickelt (s. Literaturverzeichnis) und von uns für die Verwendung in der Praxis angepasst.

WAS HEISST „*LEBENSRÜCKBLICK*“?

Bei dem hier beschriebenen *Lebensrückblick* werden in mehreren Gesprächen persönliche Ereignisse und Lebensphasen besprochen. Die Erinnerung kann mit Hilfe von Fotos und persönlichen Gegenständen geweckt werden.

Die Themen lassen sich grob der *Kindheit & Jugend*, dem jungen und mittleren *Erwachsenenalter* und der *Gegenwart* zuordnen.

Der *Lebensrückblick* ist eine Form der Biographie- bzw. Erinnerungsarbeit. Er kann bei Personen unterschiedlicher geistiger Voraussetzungen angewendet werden. Wichtig ist die Fähigkeit der älteren Person, sich in einem Gespräch auf das Gegenüber beziehen zu können, sowie die Bereitschaft, dem Gegenüber das eigene Leben zu erzählen.

WOFÜR DIE GESCHICHTEN NEU ERZÄHLEN?

Erinnern geschieht häufig im Rahmen des Erzählens. Das Erinnern und Erzählen der Lebensgeschichte ist eine wichtige Grundlage für die eigene Identität. Beim Erzählen kann sich die Perspektive auf einzelne Lebensereignisse und manchmal auch auf die eigene Person weiterentwickeln.

Dabei ist es hilfreich, in seinem Gegenüber eine oder einen Zuhörenden zu haben, die oder der die eigene Geschichte interessiert und empathisch miterlebt sowie aktiv eine eigene, wertschätzende Perspektive gegenüber dem Erlebten einnimmt und im Gespräch vermittelt. Manchmal braucht es nur eine anders gestellte Frage, um Ereignisse neu bewerten und einordnen zu können.

Ganz allgemein bewirkt das Erinnern eine Aktivierung. Gesunde wie auch frühdemente Personen freuen sich außerdem über Erfolgserlebnisse beim Sich-erinnern. Dabei sind positive wie negative Erinnerungen gleichermaßen wertvoll. Beim Erinnern positiver Ereignisse werden vergangene Freuden wiedererlebt. Das Erinnern schmerzvoller Erlebnisse hilft wiederum bei der Verarbeitung dieser. Durch die sowohl anteilnehmende als auch positive, auf individuelle Stärken hin orientierte Gesprächsführung wird die Bewältigung negativer Erfahrungen erleichtert *(siehe Abschnitt Grundlegende Gesprächstechniken)*. Diese Bewältigungserfahrungen tragen wiederum dazu bei, dass die eigenen Stärken und Fähigkeiten zur Problembewältigung erkennbar werden.

Wegen des Zusammenhangs des Erinnerns mit Gesundheitsprozessen werden Lebensrückblickgespräche seit Jahrzehnten eingesetzt, um Selbstannahme und Wohlbefinden zu fördern[3].

[3] *Westerhof & Bohlmeijer (2014)*

Positive Auswirkungen für die SeniorInnen	Positive Auswirkungen für den oder die ZuhörerIn	Positive Auswirkungen für die Einrichtung
• Steigerung des Zugehörigkeitsgefühls und des persönlichen Wohlbefindens • Wiederbeleben der eigenen Lebensgeschichte • Entdecken von neuen Zusammenhängen innerhalb der eigenen Entwicklung • Stärkung der eigenen Erinnerungskompetenz (sich detaillierter und nicht nur allgemein zu erinnern) • Mut zum Erzählen erhalten • Wertschätzung für das Frühere und Vergangene erleben	• Beziehung kann als sinnstiftend erlebt werden • Möglichkeit, aus der Lebensgeschichte von älteren Personen etwas zu lernen • gemeinsame Themen zwischen den Generationen finden • Verbessertes Verständnis gegenüber der älteren Generation • Kontakt zu älteren Personen • tiefgehender Austausch	• Möglichkeit, wissenschaftlich geprüfte Praxishilfen für die Biographiearbeit zu nutzen • Neue Ansatzpunkte für Aktivitäten und Kommunikation schaffen • Zusammenbringen verschiedener Generationen, Charaktere und Persönlichkeiten

RAHMENBEDINGUNGEN DES LEBENSRÜCKBLICKGESPRÄCHS

Wer kann den Lebensrückblick durchführen?

Generell kann jede interessierte Person nach der nötigen Vorbereitung den hier beschriebenen Lebensrückblick durchführen. Unsere Anleitung richtet sich z.B. an Pflegepersonal in SeniorInneneinrichtungen, ehrenamtliche Betreuende, ErgotherapeutInnen oder interessierte Familienmitglieder.

Räumliche Umgebung

Der Lebensrückblick findet in einer persönlichen Atmosphäre zwischen der oder dem Erzählenden und Ihnen statt. Hierzu bieten sich die persönlichen Räume der oder des Erzählenden an, so dass persönliche Gegenstände (Fotos, Musik, Bücher etc.) jederzeit miteinbezogen werden können. Aber auch in einem geschützten Rahmen innerhalb einer Tagesstätte für SeniorInnen, eines SeniorInnenheimes oder eines Gemeinschaftsraumes für SeniorInnen kann der Lebensrückblick stattfinden. Entscheidend bei der Wahl der räumlichen Umgebung ist das Empfinden der oder des Erzählenden dafür, dass die Umgebung ausreichend Diskretion und Schutz bietet.

Häufigkeit und Dauer

Der Lebensrückblick unterteilt sich in drei Gespräche über:

- Kindheit und Jugend
- Erwachsenenalter
- Zusammenfassung und Integration

Ein Gespräch wird je nach Möglichkeit (in Abhängigkeit der zeitlichen und räumlichen Bedingungen, des Gesundheitszustandes und der Konzentrationsfähigkeit der oder des Erzählenden) ca. 60 Minuten dauern. Hinzu kommt ein Termin zur Vorbereitung der Gespräche, zu dem der Ablauf des Lebensrückblicks mit der betreffenden Person besprochen sowie Fragen beantwortet werden können. Die Gesprächstermine finden in der Regel in einem wöchentlichen Abstand statt.

Zielgruppe

Die Zielgruppe des Lebensrückblicks sind alle älteren Menschen, die daran interessiert sind, ihre Lebensgeschichte zu teilen. Das können im SeniorInnenheim, in ambulanten Wohneinrichtungen oder selbstständig zu Hause lebende SeniorInnen sein. Auch in der Geriatrie kann der Lebensrückblick durchgeführt werden.

Wer mit Wem – Auswahl der Personen: Mit wem Sie ein Lebensrückblickgespräch führen möchten, ist eine persönliche und individuelle Entscheidung. Sie können sich auf Ihr Bauchgefühl und Ihre Sympathie verlassen. Sprechen Sie daher Ihre Absicht mit dem Gegenüber ab und entscheiden Sie zusammen, ob, wann und wo Sie das Gespräch führen möchten. In Frage kommt eine Person dann, wenn Sie der Meinung sind, dass ihr ein Gespräch gut tun würde und diese auch gerne erzählen möchte.

Ausschlusskriterium: <u>Bei Personen, die durch ihre durchlebten Erfahrungen aktuell sehr belastet sind</u>, würde der Lebensrückblick die Belastung möglicherweise noch verstärken. In solchen Fällen kann eine Aufarbeitung der Erlebnisse im Rahmen einer Psychotherapie sinnvoll sein, <u>der Lebensrückblick ist hier nicht geeignet</u>.

HINTERGRÜNDE ZUR GESPRÄCHSFÜHRUNG

GRUNDLEGENDE GESPRÄCHSTECHNIKEN

Das Wichtigste vorab: Entscheidend bei der Gesprächsführung ist, dass Sie Ihrem Gegenüber offen und vertrauensvoll begegnen, ihm Wertschätzung entgegenbringen können und sich interessiert zeigen.

Auf dieser und den folgenden Seiten finden Sie weitere Hinweise, die das Gespräch bereichern und Ihnen Sicherheit in der Gesprächsführung geben können. Bei der Durchführung des Lebensrückblicks sind drei grundlegende Gesprächstechniken wichtig:

1) Sie stellen eine Frage, die eine Erinnerung anregen soll,

2) Sie hören der oder dem Erzählenden aufmerksam zu,

3) Sie reagieren angemessen auf die Erzählung.

1) Eine Frage stellen, um Erinnerungen anzuregen

Versuchen Sie, mit Fragen die Erinnerung der oder des Erzählenden anzuregen. Nutzen Sie dazu auch weitere Hilfsmittel und bestimmte Fragetechniken.

HILFSMITTEL

- Es kann sich um eine der ***Fragen von der Liste*** handeln, die in den Leitfragen 1 bis 3 dargestellt sind. Die erste Frage in jeder Tabelle ist meist ein guter Einstieg in die Sitzung, danach sollten Sie aber der Führung der oder des Erzählenden folgen und auf ihre oder seine Antworten reagieren[4]. Es ist allerdings hilfreich, bereits vor den Sitzungen zu überlegen, welche Fragen aus der Liste man bei der oder dem jeweiligen Erzählenden bevorzugt stellen möchte.
- ***Fotos und andere Hinweisreize*** für Erinnerungen: Am häufigsten werden Fotos als Anlass für Erinnerungen herangezogen. Die oder der Erzählende wählt die für sie oder ihn bedeutsamsten Fotos aus, die sie gemeinsam der Reihe nach betrachten. Bei jedem Foto werden Fragen gestellt, um Erinnerungen auszulösen, z. B. *„Wer ist dies auf dem Foto?" „Ist dies nicht Ihre Tante, von der Sie vorhin erzählt haben?" „Welche Bedeutung hatte Tante Esther für Sie damals?"*

Alle ***Sinneseindrücke*** können genutzt werden, um Erinnerungen anzuregen. Personen können ganz unterschiedlich auf Reize reagieren. Probieren Sie daher ruhig Unterschiedliches (Gerüche, Musik, Gegenstände etc.) aus. Der Geschmackssinn löst häufig die stärksten Erinnerungen aus (z. B. der Geruch, als die Mutter Kuchen backte). Da auch Musik und Geräusche Erinnerungen hervorrufen, können Sie Lieder aus der damaligen Zeit vorspielen und hierzu Fragen stellen.

[4] Die Fragen im Leitfaden/Arbeitsbogen bieten lediglich beispielhaft Anregungen zu weiteren Anschlussmöglichkeiten für ein strukturiertes Gespräch. Folgen Sie daher den Inhalten der oder des Erzählenden, führen Sie sie oder ihn jedoch immer wieder zu dem jeweiligen Lebensabschnitt zurück.

FRAGETECHNIKEN

- ***Wiederholungsfragen:*** Bestimmte Ereignisse sind mit starken negativen Gefühlen oder Hoffnungslosigkeit belegt. Verständlicherweise zögert die oder der Erzählende hierbei häufig, sie im Detail anzusprechen. Dennoch kann es angebracht sein, bei solchen kritischen Lebensereignissen nachzufragen. Ein detailliertes Durchsprechen kritischer Ereignisse kann für die Verarbeitung und die Integration in die eigene Biographie förderlich sein und ist deshalb ein zentraler Aspekt des Lebensrückblickgesprächs.

Auch zwischen den Sitzungen kann eine weitere Verarbeitung der angesprochenen kritischen Lebensereignisse der oder des Erzählenden stattfinden. Wenn Sie das Gefühl haben, dass das Ereignis noch nicht erschöpfend besprochen wurde, können Sie auch in der folgenden Sitzung darauf zurückkommen (Beispiel: *„Ich habe noch einmal über den Tod Ihres Kindes nachgedacht, wovon Sie letzte Woche berichtet hatten. Können Sie mir noch etwas mehr über die Umstände des Todes erzählen? Wie hat sich in der Folge die Beziehung zu Ihrem Mann verändert?"*).

Respektieren Sie jedoch die persönlichen Grenzen der erzählenden Person. Es kann vorkommen, dass diese von ihren negativen Emotionen stark überwältigt wird und es schwierig ist, diese im Gespräch aufzufangen.

- ***Beispiele:*** Wenn eine Aussage der oder des Erzählenden zu abstrakt oder sehr knapp ist, kann nach einem Beispiel gefragt werden.
- ***Geschichten erzählen:*** Sie können die Erinnerungen auch über das Erzählen eigener Geschichten anregen, indem Sie über ein Thema, ein Ereignis, ein Gefühl sprechen, das in irgendeinem Zusammenhang zu der oder dem Erzählenden steht. Angebracht ist dies besonders bei Erzählenden, die Widerstand gegenüber dem Lebensrückblick ausdrücken. Diese Geschichten können aus Ihrem eigenen Leben stammen oder aus der Weltgeschichte und sind am besten kurz und mit einer Frage verbunden.

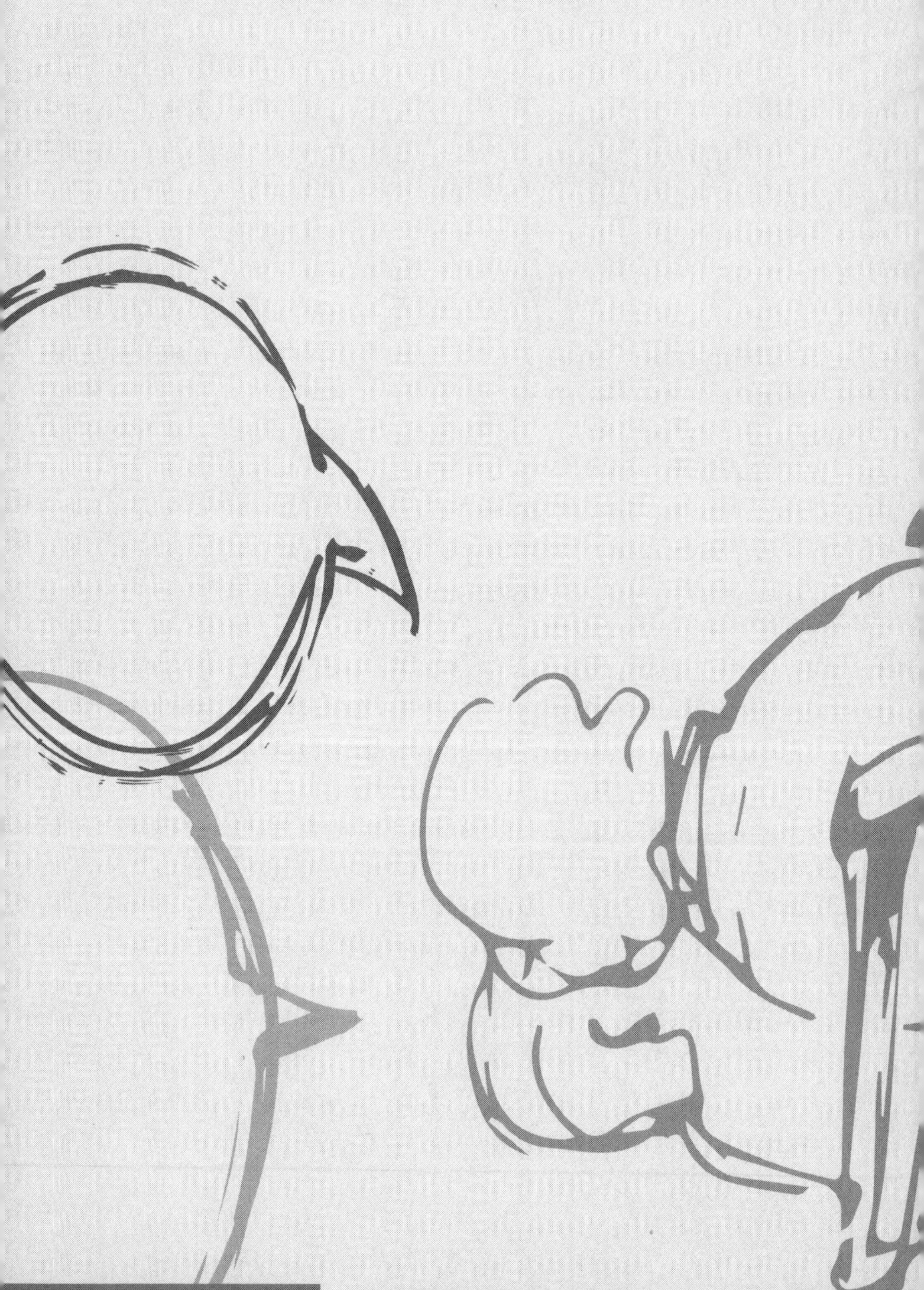

2) Aufmerksames Zuhören

Vermitteln Sie der oder dem Erzählenden Ihr Interesse gegenüber seinen Lebensgeschichten. Durch eine offene Haltung und empathische Rückmeldungen wird das Erleben der oder des Erzählenden bestätigt und sie oder er wird ermutigt, weiter zu reden. Eine Haltung innerer Akzeptanz und positive Zuwendung gegenüber der oder dem Erzählenden ist grundlegend für einen gelingenden Beziehungsaufbau.

3) Angemessenes Reagieren auf die Antworten der oder des Erzählenden

- ***Umdeutung (Reframen):*** Um der oder dem Erzählenden zu zeigen, dass ein Ereignis auch anders interpretiert werden kann, wird es umgedeutet. Das heißt, es wird neu formuliert bzw. in einen neuen Kontext gestellt. Die oder der Erzählende wird ermutigt, von einer neuen Perspektive aus auf das Ereignis zu schauen. Beim Umdeuten wird üblicherweise eine negative Tönung in eine positive gewendet.
Beispiel: Eine alleinerziehende Mutter musste arbeiten, während ihre Kinder aufwuchsen. Weil sie sie oft alleine ließ und an ihren Erfolgen bei Freizeitaktivitäten (Fußball, Konzerte) nicht teilhaben konnte, hatte sie permanent Schuldgefühle. Die oder der Zuhörende deutete diese Lebensphase folgendermaßen um *(„Sie waren eine hartarbeitende Mutter und haben dennoch versucht, mit Ihren Kindern nach der Schule Hausaufgaben zu machen und gemeinsam Abendbrot zu essen. Durch Ihre Arbeit haben Sie Ihren Kindern eine gute Ausbildung ermöglicht. Ich denke, Sie haben alles für Ihre Kinder getan, was Sie konnten, und Sie sollten stolz auf sich sein, anstatt sich schuldig zu fühlen.")*[5].
Wenn schlechte Zeiten angesprochen werden, sollte herausgearbeitet werden, wie die erzählende Person diese gemeistert hat und wie sie manchmal gute Zeiten nach sich zogen.

[5] *Haight, B. K. & Haight, B. S. (2007)*

- ***Gefühle reflektieren:*** Nehmen Sie die Gefühle der oder des Erzählenden wahr, die ein Ereignis begleiten, und geben Sie diese der oder dem Erzählenden zurück. Dadurch werden diffuse Gefühle klarer oder erstmals verstanden. Es kann nach früheren Gefühlen gefragt werden („*Wie haben Sie damals darüber gefühlt?*") oder Bezug zu heutigen Gefühlen hergestellt werden („*Fühlen Sie auch heute noch Ihrer Mutter gegenüber Ärger wegen dieser Sache damals?*"). Auch Fragen nach der Bedeutung von Ereignissen sollten immer wieder gestellt werden („*Was bedeutete das für Sie damals?*").
- ***Umschreiben (Paraphrasieren):*** Um unklare oder komplexe Details zu klären oder um Verständnis und Empathie auszudrücken, wiederholen Sie Aussagen der oder des Erzählenden in eigenen Worten.
- ***Zusammenfassen:*** Um das Wesentliche einer Geschichte hervorzuheben und deutlich zu machen, worüber bisher gesprochen wurde, fassen Sie das Erzählte zusammen. Missverständnisse können dadurch sichtbar und somit besprochen werden. Durch häufigeres Zusammenfassen bietet sich Möglichkeit, sich relevante Aspekte des Gesprächs noch einmal verdichtet und geordnet bewusst zu machen.
- ***Integrieren:*** Versuchen Sie, wichtige Ereignisse in den Lebensverlauf einzuordnen. Dies ist besonders wichtig bei Ereignissen, die mit starker Emotion erzählt werden, aber diffus erscheinen. Dabei können Sie auch andere der oben beschriebenen Techniken verwenden, um am Ende ein Verständnis für das Erzählte zu gewinnen.

MÖGLICHE FRAGEN UND PROBLEME

Abschweifen

Erzählende springen im Gespräch zwischen Lebensphasen oftmals hin und her. Dies ist unausweichlich, weil bestimmte Kindheitserinnerungen zugehörige Erwachsenenerinnerungen hervorrufen. Zum Beispiel kann es vorkommen, dass die oder der Erzählende ihre oder seine Kindheit mit der ihrer oder seiner eigenen Kinder vergleicht. In einem gewissen Umfang sollten Sie dem auch nachgehen, dann aber wieder zur eigentlichen Lebensphase zurückführen. Vermeiden Sie also ein zu starkes Abschweifen. (Beispiel: *„Das klingt sehr interessant, darüber würde ich gerne in der nächsten Sitzung mehr erfahren. Jetzt würde mich interessieren, ...“*)

Wie gehe ich damit um, wenn ich eine Rückfrage zu meinem eigenen Leben gestellt bekomme?

Je nach persönlichem Empfinden können Sie auf die Frage Ihres Gegenüber eingehen. Beachten Sie jedoch, dass Sie nicht zu sehr „ins Erzählen“ kommen, sondern zu dem roten Faden in der Geschichte der oder des Erzählenden zurückkehren.

Wie komplett muss der Lebensrückblick sein?

Innerhalb von etwa drei Sitzungen ist ein vollständiger detaillierter Rückblick schwer möglich. Dies ist auch nicht nötig. Entdecken Sie jedoch größere zeitliche Lücken oder ausgelassene Themen (möglicherweise gerade die emotional negativ besetzten), könnten das wichtige Hinweise sein, diesen Themen genauer nachzugehen. Sie können mit Fragen zu den Lücken hinführen (*„Ich weiß nun viel über Ihre erste Arbeitsstelle; erzählen Sie etwas über ihre darauffolgende Arbeitsstelle.“*).

Überwältigung durch belastende Gefühle

Es kann in seltenen Fällen vorkommen, dass den oder die ErzählerIn von belastenden Erinnerungen so überwältigt wird, dass es ihm nicht gelingt, ihre oder seine Gefühle wieder einzudämmen. Bitte unterstützen Sie sie in einem solchen Fall dabei, bei einer psychosozialen Beratungstelle oder bei einer psychotherapeutischen Praxis professionelle Unterstützung zu beanspruchen.

DURCHFÜHRUNG DES LEBENSRÜCKBLICKGESPRÄCHS

Die Durchführung des Lebensrückblickgesprächs beinhaltet 5 Schritte.

1. **Zeitstrahl:** Der Zeitstrahl dient der groben zeitlichen Einordnung von wichtigen Lebensereignissen (z.B. Geburt, Einschulung, Berufseintritt, Heirat, Kinder, Todesfälle) und hilft Ihnen vor jedem Gespräch einen Überblick über relevante Ereignisse im jeweiligen Lebensabschnitt zu bekommen und das Gespräch so besser strukturieren zu können. Im Gespräch erleichtert er das Erinnern von Lebensphasen.

2. **Fotos und Erinnerungsstücke:** Fotos und andere persönliche Erinnerungsstücke, die die oder der Erzählende ins Gespräch mit einbringt, erleichtern das Erinnern.

3. **Leitfragen:** Die Fragen dienen als Anregung, die der oder dem Erzählenden helfen kann, sich an Erlebnisse der jeweiligen Lebensphase zu erinnern bzw. die Erlebnisse zu bewerten und zu integrieren. Reihenfolge, Genauigkeit und Tiefe der Fragen können Sie variieren, sodass das Gespräch ganz der oder dem Erzählenden gerecht wird.
   Notizen: Gerne können Sie sich relevante Aussagen der oder des Erzählenden knapp notieren. Dies kann Ihnen helfen, sich im nächsten Gespräch besser an das Gesagte zu erinnern. Allerdings ist es auch wichtig, Ihrem Gegenüber durch Anschauen und Nicken Ihre Aufmerksamkeit zu bekunden. Gegebenenfalls können Sie auch im Anschluss an das Gespräch die für Sie wichtigen Aspekte notieren.

4. **Listen mit positiven und negativen Lebensereignissen:** Werden gemeinsam mit der oder dem Erzählenden ausgefüllt.
5. **Checkliste nach dem Gespräch:** Nehmen Sie sich nach jedem Gespräch einige Minuten Zeit für sich, um anhand der Checkliste zu reflektieren, welche Punkte beim Gespräch besonders wichtig waren, ob etwas vergessen wurde bzw. was beim nächsten Mal anders gemacht werden könnte.

Zu allen Schritten, mit Ausnahme von Fotos & Erinnerungsstücke, finden Sie Materialien im Gesprächsleitfaden. **Hinweis:** Die nachfolgend dargestellten Gesprächsschritte sind beim dritten Gespräch leicht verändert.

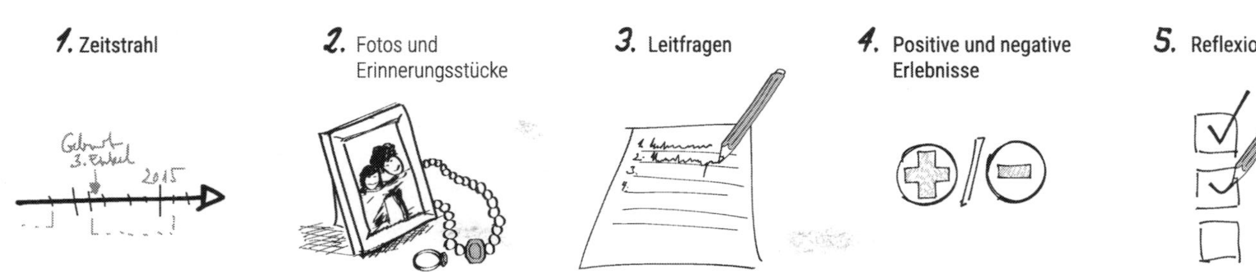

VORBEREITUNGSGESPRÄCH

Organisatorische Aspekte

Erklären Sie der erzählenden Person, gegebenenfalls auch deren Angehörigen, zunächst das Vorhaben samt Anzahl und Dauer der Gespräche. Die nächsten beiden Sitzungen des *Lebensrückblickgesprächs* beinhalten die beiden aufeinanderfolgenden Lebensphasen Kindheit und Jugend sowie das Erwachsenenalter. Für jede dieser Lebensphasen wird jeweils ein Gespräch verwendet. Hierzu sollte die oder der Erzählende für jede Lebensphase Fotos und andere Erinnerungsstücke mitbringen. Hilfreich ist es, wenn die oder der Erzählende für sich bereits eine Vorauswahl weniger, für sie oder ihn besonders bedeutsamer Fotos trifft.

Voraussetzung für ein gelingendes *Lebensrückblickgespräch* ist ein vertrauensvoller Umgang zwischen Ihnen und der oder dem Erzählenden. Dazu bedarf es insbesondere eines verantwortungsvollen Umgangs Ihrerseits mit den lebensgeschichtlichen Inhalten, den Sie Ihrem Gegenüber auch zusichern können.

Die Teilnahme am Lebensrückblick ist freiwillig und kann seitens der oder des Erzählenden jederzeit unterbrochen oder beendet werden.

Überblick über die Lebensgeschichte

Während des Vorbereitungstreffens wird der ***Zeitstrahl*** ausgefüllt. Der Zeitstrahl dient der groben zeitlichen Einordnung von wichtigen Lebensereignissen (z.B. Geburt, Einschulung, Berufseintritt, Heirat, Kinder, Todesfälle) und hilft Ihnen vor jedem Gespräch einen Überblick über relevante Ereignisse im jeweiligen Lebensabschnitt zu bekommen. Ihrem Gegenüber erleichtert der Zeitstrahl neben den Erinnerungsstücken das Erinnern ihrer oder seiner unterschiedlichen lebensgeschichtlichen Phasen.

Beim Ausfüllen des Zeitstrahls sollte man sich möglichst auf Fakten und weniger auf emotionale Aspekte der Ereignisse konzentrieren. Die Ereignisse sollten sachlich notiert werden. Als grobe zeitliche Orientierung können 20 Minuten für das Erstellen des Zeitstrahls über das gesamte Leben eingeplant werden.

Sollte das relativ knappe Abfragen der wichtigen Lebensereignisse nicht möglich sein, kann der Zeitstrahl auch im Verlauf der Lebensrückblickgespräche ergänzt werden.

GESPRÄCH 1: KINDHEIT UND JUGEND

Thema des Gesprächs klären
(Zeitstrahl)
Der bereits *ausgefüllte Zeitstrahl* wird gemeinsam angeschaut, um die persönlichen Ereignisse aus Kindheit und Jugend in Erinnerung zu rufen. Falls individuelle Lebensereignisse noch gar nicht oder noch nicht vollständig eingetragen wurden, kann dies während dieser Sitzung geschehen.

Fotos als Ausgangspunkt
Wenn die oder der Erzählende *Fotos aus dieser Lebensphase* mitgebracht hat, werden diese gemeinsam angeschaut. Fragen Sie den oder die ErzählerIn, welches die für sie oder ihn bedeutsamsten Fotos sind. Die Fotos sind ein Ausgangspunkt für die persönlichen Erinnerungen. Aus Zeitgründen können nicht alle Fotos ausführlich besprochen werden.
Halten Sie während des Anschauens der Fotos die *Leitfragen 1* als Möglichkeiten zur Gesprächsanregung in Ihrer Sichtweite. Leiten Sie nach einiger Zeit zu den *Leitfragen 1* über.

Fragen zu Kindheit und Jugend
(Leitfragen 1)
Lassen Sie der oder dem Erzählenden Zeit, Vertrauen zu fassen. Durch „unbedrohliche" Fragen können Sie eine positive Atmosphäre schaffen. Die erste Frage bietet sich dafür an (*„Was ist die allerfrüheste Erinnerung in Ihrem Leben? Gehen Sie so weit zurück wie möglich."*).

Die *Leitfragen 1* bieten Beispielfragen zur Kindheit und Jugend an. Es ist empfehlenswert sich Notizen zu den Antworten zu machen.

Wichtig ist, dass Sie nicht alle Fragen vollständig zu stellen versuchen. Es handelt sich lediglich um Beispielfragen, die das Gespräch anregen sollen. Letztlich entscheiden Sie, ob und wann welche Frage sinnvoll ist.

Berücksichtigen Sie dabei auch die Themen, die die oder der Erzählende Ihnen anbietet und über die sie oder er ausführlicher sprechen möchte. Manchmal gibt es Themen, die aus Angst oder Scham gemieden werden. Da ein Besprechen solcher Themen häufig zu einer Erleichterung führt, können Sie diese vorsichtig ansprechen.

Liste mit positiven und negativen Erlebnissen

Die letzten 5–10 Minuten der Sitzung werden dazu genutzt, die *Liste mit positiven Erlebnissen und Errungenschaften* und die Liste mit *negativen Ereignissen und Misserfolgen* gemeinsam auszufüllen. Es handelt sich um Stichpunkte zu den besprochenen positiven und negativen Aspekten der jeweiligen Lebensphase.

Nach dem Gespräch: Reflexion

Nachträglich reflektieren Sie für sich die vergangene Sitzung an einem ruhigen Ort und notieren auf der *Checkliste* zum Gespräch 1, was Sie gegenüber dem vorgesehenen Ablauf anders gemacht haben und warum.

GESPRÄCH 2: ERWACHSENENALTER

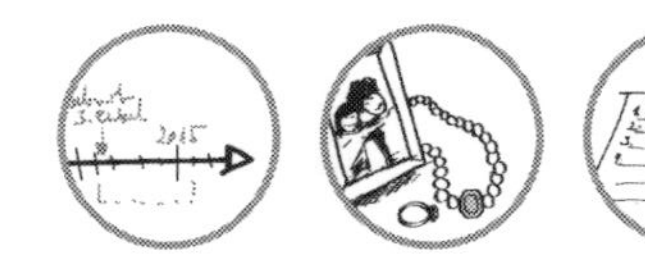

Ergänzende Fragen zu Kindheit und Jugend

Im Nachgang zur letzten Sitzung können der oder dem Erzählenden noch weitere Erinnerungen an die Kindheit gekommen sein. Fragen Sie daher zu Beginn des Gesprächs, ob seit dem letzten Mal noch weitere Erinnerungen aufgetreten sind, die die oder der Erzählende gerne schildern möchte.

Schauen Sie sich vor der Sitzung Ihre Notizen zum letzten Gespräch nochmals durch und entscheiden Sie, ob wichtige Themen oder Fragen noch nicht behandelt wurden. Diese können Sie zu Beginn dieses Gesprächs ansprechen. Auch wenn ein Thema für Sie verwirrend war, lohnt sich eine Nachfrage, um das Thema zu klären.

Thema des Gesprächs klären *(Zeitstrahl)*

Der bereits *ausgefüllte Zeitstrahl* wird gemeinsam angeschaut, um die persönlichen Ereignisse des Erwachsenenalters in Erinnerung zu rufen. Falls individuelle Lebensereignisse noch gar nicht oder noch nicht vollständig eingetragen wurden, kann dies während dieser Sitzung geschehen.

Fotos als Ausgangspunkt

Wenn die oder der Erzählende Fotos aus dieser Lebensphase mitgebracht hat, werden diese gemeinsam angeschaut. Fragen Sie den oder die ErzählerIn, welches die für sie oder ihn bedeutsamsten Fotos sind. Die Fotos sind ein Ausgangspunkt für die persönlichen Erinnerungen. Aus Zeitgründen können nicht alle Fotos ausführlich besprochen werden.

Halten Sie während des Anschauens der Fotos die *Leitfragen 2* als Möglichkeiten zur Gesprächsanregung in Ihrer Sichtweite. Leiten Sie nach einiger Zeit zu den *Leitfragen 2* über.

Fragen zum Erwachsenenalter
(Leitfragen 2)

Die *Leitfragen 2* bieten Beispielfragen zum Erwachsenenalter an. Es ist empfehlenswert sich Notizen zu den Antworten zu machen.

Zur Erinnerung: Wichtig ist, dass Sie nicht alle Fragen vollständig zu stellen versuchen. Es handelt sich lediglich um Beispielfragen, die das Gespräch anregen sollen.

Liste mit positiven und negativen Erlebnissen

Die letzten 5–10 Minuten der Sitzung werden dazu genutzt, die Liste mit *positiven Erlebnissen und Errungenschaften* und die Liste mit *negativen Ereignissen und Misserfolgen* gemeinsam auszufüllen. Es handelt sich um Stichpunkte zu den besprochenen positiven und negativen Aspekten der jeweiligen Lebensphase.

Nach dem Gespräch: Reflexion

Nachträglich reflektieren Sie für sich die vergangene Sitzung an einem ruhigen Ort und notieren auf der *Checkliste* zum Gespräch 2, was Sie gegenüber dem vorgesehenen Ablauf anders gemacht haben und warum.

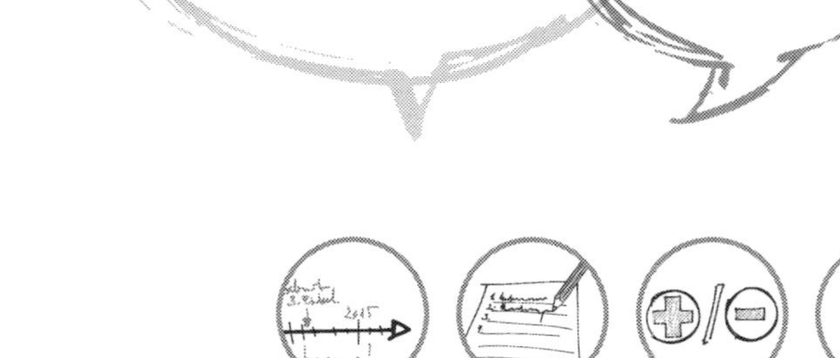

GESPRÄCH 3: INTEGRATION

Ergänzende Fragen zum Erwachsenenalter
Im Nachgang zur letzten Sitzung können der oder dem Erzählenden noch weitere Erinnerungen an das Erwachsenenalter gekommen sein. Fragen Sie daher zu Beginn des Gesprächs, ob seit dem letzten Mal noch weitere Erinnerungen aufgetreten sind, die die oder der Erzählende gerne schildern möchte.

Schauen Sie sich vor der Sitzung Ihre Notizen zum letzten Gespräch nochmals durch und entscheiden Sie, ob wichtige Themen oder Fragen noch nicht behandelt wurden. Diese können Sie zu Beginn dieses Gesprächs ansprechen. Auch wenn ein Thema für Sie verwirrend war, lohnt sich eine Nachfrage, um das Thema zu klären.

Thema des Gesprächs klären
(Zeitstrahl und Listen mit positiven und negativen Ereignissen)
Der bereits *ausgefüllte Zeitstrahl* wird gemeinsam angeschaut, um einen Überblick über alle Lebensphasen zu haben. Die Listen der *positiven und negativen Ereignisse* können Sie nutzen, um der oder dem Erzählenden bei der Beantwortung der integrativen Fragen zu helfen.

Fragen zur Zusammenfassung, Bewertung und Integration ***(Leitfragen 3)***
In diesem Gespräch geht es um die Zusammenfassung sowie übergreifende Bewertung und Integration der wichtigsten Erinnerungen. Die *Leitfragen 3* bieten Beispielfragen zur Bewertung und Integration. Es ist empfehlenswert sich Notizen zu den Antworten zu machen.
Zusammenfassen bedeutet, auf das Leben als ein Ganzes zurück zu blicken. Zusammenfassungen bieten die Möglichkeit, mehrere bislang getrennt voneinander besprochene Einzelthemen sinnvoll zu verbinden.

Bewertung baut auf der Zusammenfassung auf und beinhaltet die persönliche Sicht darauf, wie das eigene Leben gelebt wurde. Helfen Sie dem oder der ErzählerIn dabei, emotionale Aspekte ihrer oder seiner Erlebnisse zu äußern und zu bewerten und sie gegebenenfalls im Rückblick umzudeuten. Bewerten führt optimaler Weise zur Akzeptanz dessen, was man nicht ändern kann. Im Verlauf des Gesprächs können neue Einsichten und Interpretationen von Ereignissen entstehen. Sinnfindung und Lebensbilanzierung wird möglich.

Integration bedeutet, dass verschiedene Ereignisse, Erfahrungen und Handlungsstränge zusammengeführt werden. Unterstützen Sie die oder den Erzählenden dabei, ihre oder seine Erfahrungen aufzunehmen und in ein zusammenhängendes Ganzes zu verweben.

Wenn schlechte Zeiten angesprochen werden, sollte herausgearbeitet werden, wie die erzählende Person diese gemeistert hat und wie sie manchmal gute Zeiten nach sich zogen.

Gegen Ende wird der Fokus auf die Zukunft gerichtet. Möglicherweise hat die erzählende Person nicht nur neue Einsichten über die Vergangenheit gewonnen, sondern hat auch neue Interessen entdeckt oder alte wiedergefunden.

Nach der Sitzung: Reflexion

Nachträglich reflektieren Sie für sich die vergangene Sitzung und notieren auf der *Checkliste* zum Gespräch 3 an einem ruhigen Ort, was Sie gegenüber dem vorgesehenen Ablauf anders gemacht haben.

Abschluss

Der Lebensrückblick ist ein vertrauensvolles Gespräch, bei dem viele persönliche und private Erlebnisse besprochen werden. Sie können der oder dem Erzählenden Ihre Wertschätzung dafür ausdrücken, indem Sie sich nochmals für das entgegengebrachte Vertrauen bei ihm bedanken. Das Ende des letzten Gesprächs kann dazu genutzt werden, um der oder dem Erzählenden den Raum zu geben noch offen gebliebene Punkte anzusprechen. Falls Sie die Möglichkeit dazu haben, können Sie eine weitere Kontaktaufnahme anbieten, um auf eventuell aufkommende Fragen nach den Gesprächen einzugehen.

NACHBEREITUNG

Was tun mit den angefertigten Notizen?
Die angefertigte Liste mit den positiven und negativen Erlebnissen, den Zeitstrahl als auch die Eckdaten aus dem Gespräch (die Sie sich eventuell notiert haben), können Sie nach dem Gespräch entweder Ihrem Gegenüber überlasssen (falls sie oder er diese möchte) oder Sie vernichten die Aufzeichnungen. Klären sie dies bitte mit Ihrem Gegenüber. Aus Datenschutzgründen bitten wir Sie, diese nicht selbst für sich zu bewahren. Keinesfalls dürfen die Mitschriften an Dritte weitergegeben werden.

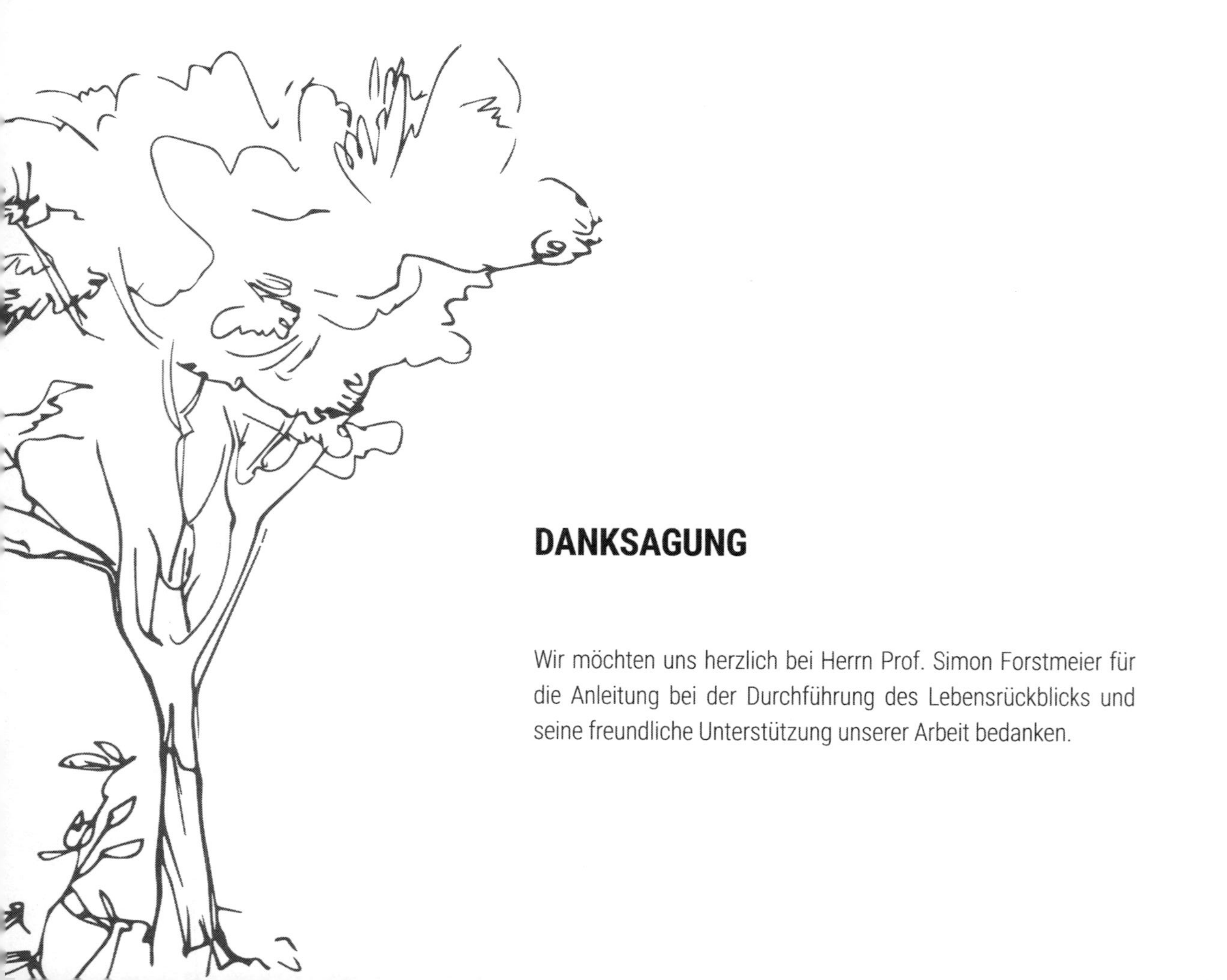

DANKSAGUNG

Wir möchten uns herzlich bei Herrn Prof. Simon Forstmeier für die Anleitung bei der Durchführung des Lebensrückblicks und seine freundliche Unterstützung unserer Arbeit bedanken.

LITERATUR

Ando, M., Tsuda, A., & Moorey, S. (2006). Preliminary study of reminiscence therapy on depression and self-esteem in cancer patients. *Psychological Reports, 98*, 339-346.

Black, G., & Haight, B. K. (1992). Integrality as a holistic framework for the life-review process. *Holistic Nursing Practice, 7*, 7-15.

Bluck, S., & Levine, L. J. (1998). Reminiscence as autobiographical memory: A catalyst for reminiscence theory development. *Ageing and Society, 18*, 185-208.

Davis, M. C. (2004). Life review therapy as an intervention to manage depression and enhance life satisfaction in individuals with right hemisphere cerebral vascular accidents. *Issues in Mental Health Nursing, 25*, 503-515.

Erlen, J. A., Mellors, M. P., Sereika, S. M., & Cook, C. (2001). The use of life review to enhance quality of life of people living with AIDS: A feasibility study. *Quality of Life Research, 10*, 453-464.

Haight, B. K., & Haight, B. S. (2007). *The handbook of structured life review.* Baltimore: Health Professions Press.

Knight, B. G. (2003). *Psychotherapy with older adults* (3 ed.). Thousands Oaks, CA: Sage.

Maercker, A., & Forstmeier, S. (Eds.). (2012). *Der Lebensrückblick in Therapie und Beratung*. Berlin: Springer.

Pinquart, M., & Forstmeier, S. (2012). Effects of reminiscence interventions on psychosocial outcomes: A meta-analysis. *Aging and Mental Health, 16*, 541-558.

Serrano, J. P., Latorre, J. M., Gatz, M., & Montanes, J. (2004). Life review therapy using autobiographical retrieval practice for older adults with depressive symptomatology. *Psychology and Aging, 19*, 270-277.

Westerhof, G. J., & Bohlmeijer, E. (2014). Celebrating fifty years of research and applications in reminiscence and life review: State of the art and new directions. *Journal of Aging Studies, 29*, 107-114.

IMPRESSUM

Gesundheitsregion VorteilJena
„Gesund Altern –
Erinnern, erzählen, dabei sein"
überarbeitete Fassung

Universitätsklinikum Jena
Institut für Psychosoziale Medizin
und Psychotherapie
Universitätsklinikum Jena
Stoystraße 3, D-07740 Jena

KONTAKT
Prof. Simon Forstmeier
Universität Siegen
simon.forstmeier@uni-siegen.de

Prof. Bernhard Strauß
Universitätsklinikum Jena
bernhard.strauss@med.uni-jena.de

AUTORINNEN UND AUTOREN
Prof. Simon Forstmeier
Hariet Kirschner
Sashi Singh
Anna Zimmermann
Prof. Bernhard Strauß

Gestaltung:
Eduard Frantz
www.GoldeneZwanziger.de

UNIVERSITÄTS
KLINIKUM
jena

www.vorteiljena.de

Gesprächsleitfaden

Mit diesem QR-Code gelangen Sie zu einem Online-PDF des Leitfadens zur begleitenden Unterstützung des Lebensrückblickgesprächs. Dieser lässt sich z. B. im A4-Format zur individuellen Nutzung ausdrucken.

LEITFADEN

ZUM LEBENSRÜCKBLICKGESPRÄCH

Universitätsklinikum Jena

Begleitend zum Lebensrückblickmanual
im Projekt „VorteilJena"

vorteiljena
Vorbeugen durch Teilhabe

GEFÖRDERT VOM
Bundesministerium
für Bildung
und Forschung

INHALT

Gesundheitsregion VorteilJena
„Gesund Altern –
Erinnern, erzählen, dabei sein"
Universitätsklinikum Jena
Institut für Psychosoziale Medizin
und Psychotherapie
Universitätsklinikum Jena
Stoystraße 3, D-07740 Jena

KONTAKT:
Prof. Simon Forstmeier
Universität Siegen
simon.forstmeier@uni-siegen.de

Prof. Bernhard Strauß
Universitätsklinikum Jena
bernhard.strauss@med.uni-jena.de

AUTOREN:
Prof. Simon Forstmeier
Hariet Kirschner
Sashi Singh
Anna Zimmermann
Prof. Bernhard Strauß

ARBEITSBLATT 1
DER ZEITSTRAHL

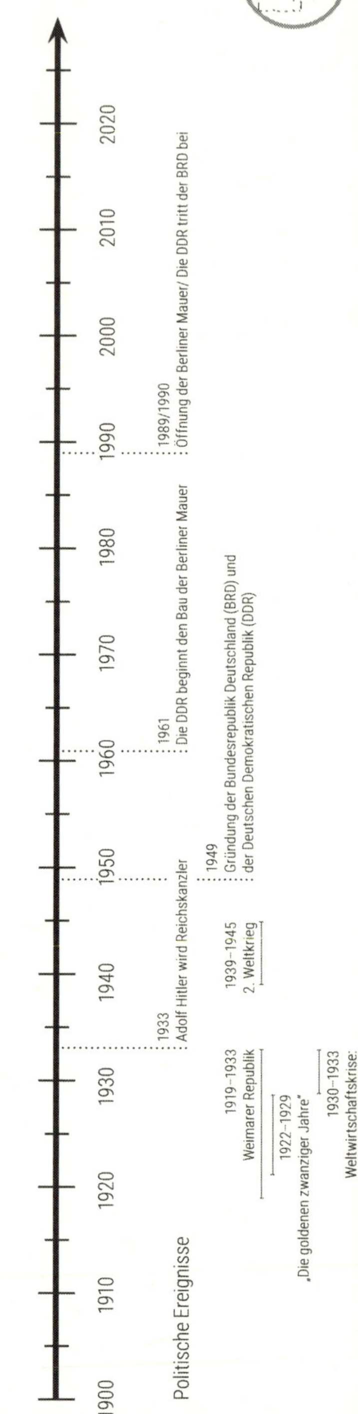

CHECKLISTE SITZUNG 1
KINDHEIT UND JUGEND

Datum	Name zuhörende Person

Thema/Arbeitsblatt	ja	nein	Begründung
Das Thema der Sitzung erklären (Arbeitsblatt 1 „Zeitstrahl" verwenden)	○	○	
Mitgebrachte Fotos und andere Erinnerungsobjekte anschauen und besprechen	○	○	
Liste mit Fragen zur Kindheit und Jugend verwenden (Leitfaden 1 verwenden)	○	○	
Liste mit positiven und negativen Ereignissen erstellen (Arbeitsblätter 2 und 3 verwenden)	○	○	
Über Sinneseindrücke (Gerüche, Musik, Geräusche usw.) als mögliche Erinnerungsquellen reden	○	○	
Aufgabe besprechen: Fotos und/oder andere Erinnerungsstücke zum Erwachsenenalter sammeln und in die nächste Sitzung mitbringen	○	○	

Bemerkungen

LEITFADEN 1
FRAGEN ZU KINDHEIT UND JUGEND

Diese Fragen dienen als Anregung, die der oder dem Erzählenden helfen kann, sich an Erlebnisse in der Kindheit zu erinnern.

Einstiegsfragen

Beginnen wir mit der frühesten Erinnerung in Ihrem Leben. An was können Sie sich erinnern?

Welche weiteren Erinnerungen aus der frühen Kindheit haben Sie?

Wie war Ihre Kindheit?

Familie und Zuhause

Welche Erinnerungen haben Sie an Ihre Familie?

Beschreiben Sie bitte Ihre Eltern, als Sie Kind waren? Was waren die Stärken Ihrer Mutter/Ihres Vaters? Die Schwächen?

Hatten Sie Geschwister? Wir war Ihre Schwester/Ihr Bruder?

Wie waren die Beziehungen zwischen den Geschwistern und zwischen Eltern und Kindern? Zu wem hatten Sie die beste Beziehung?

Wie waren Ihre Großeltern, Ihre Tanten/Onkel? Gab es weitere wichtige Bezugspersonen in Ihrer Kindheit?

Familie und Zuhause

Wie war die finanzielle Situation Ihrer Familie, als Sie Kind waren? Gab es z. B. genug zu essen?

Haben Ihre Eltern oder andere Bezugspersonen Sie in der Kindheit bestraft? Wofür?

Wer hat damals hauptsächlich Sie und andere Geschwister bestraft?

Wofür haben Sie sich als Kind geschämt? Kannten Sie als Kind Schuldgefühle?

FreundInnen und andere Beziehungen

Erzählen Sie mir etwas von Ihren FreundInnen in der Kindheit? Mit wem haben Sie gespielt?

Hatten Sie einen besten Freund/eine beste Freundin?

Zu welchen Gruppen gehörten Sie damals? Gruppe von FreundInnen? Jugendgruppe der Kirche?

Wie war es, als Sie sich das erste Mal zu einer anderen Person hingezogen gefühlt haben?

Schule und Arbeit

Wie war Ihre Schulzeit? Wie war die Schule?

Wie war das Lernen für die Schule? Ist es Ihnen eher leicht oder schwer gefallen? In welchen Fächern waren Sie eher gut, in welchen nicht?

Hatten Sie einen Job in Ihrer Jugend? Mussten Sie Geld verdienen oder war es freiwillig?

Freizeit

Mit welchen Aktivitäten haben Sie Ihre Freizeit verbracht? Haben Sie z. B. Sport gemacht, oder Theater, oder andere schulische Freizeitangebote?

Wie gerne haben Sie diese Freizeitaktivitäten durchgeführt?

Spezielle Ereignisse

Können Sie sich an irgendwelche unangenehmen Erlebnisse erinnern?

Gab es Todesfälle von Personen, die Ihnen wichtig waren? Hat Sie jemand verlassen?

Gab es Unfälle oder Krankheiten?

Lösten bestimmte Menschen bei Ihnen Ängste aus?

Ging etwas kaputt, was eine große Bedeutung für Sie hatte?

ARBEITSBLATT 2

LISTE MIT POSITIVEN ERLEBNISSEN UND ERRUNGENSCHAFTEN

Kindheit/Jugend

Erwachsenenalter

ARBEITSBLATT 3
LISTE MIT NEGATIVEN EREIGNISSEN UND MISSERFOLGEN

Kindheit/Jugend

Erwachsenenalter

CHECKLISTE SITZUNG 2
ERWACHSENENALTER

Datum	Name zuhörende Person

Thema/Arbeitsblatt	ja	nein	Begründung
Ergänzende Fragen zu Kindheit und Jugend	○	○	
Das Thema der Sitzung erklären (Arbeitsblatt 1 „Zeitstrahl" verwenden)	○	○	
Mitgebrachte Fotos und andere Erinnerungsobjekte anschauen und besprechen	○	○	
Liste mit Fragen zum Erwachsenenalter verwenden (Leitfaden 2 verwenden)	○	○	
Liste mit positiven und negativen Ereignissen erstellen (Arbeitsblätter 2 und 3 verwenden)	○	○	
Über Sinneseindrücke (Gerüche, Musik, Geräusche usw.) als mögliche Erinnerungsquellen reden	○	○	

Bemerkungen

LEITFADEN 2
FRAGEN ZUM ERWACHSENENALTER

Diese Fragen dienen als Anregung, die der oder dem Erzählenden helfen kann, sich an Erlebnisse im Erwachsenenalter zu erinnern.

Einstiegsfragen

Wie war die Zeit, als Sie volljährig wurden?

Welche Erlebnisse aus Ihren 20er Jahren haben Sie noch besonders in Erinnerung?

Wie würden Sie sich beschreiben, als Sie im jungen Erwachsenenalter waren? Was waren Ihre Vorlieben und Interessen?

Was war Ihnen wichtig? Für was standen Sie ein?

Arbeit

Welche/n Beruf/e haben Sie gelernt? Wie lange haben Sie in diesen Berufen gearbeitet?

Haben Sie gerne in diesen Berufen gearbeitet?

Hat Ihr Verdienst ausgereicht, um davon zu leben?

Was war anstrengend an dieser Arbeit, was ging Ihnen eher leicht von der Hand?

Wurden Sie bei der Arbeit geschätzt?

Als erwachsene Person haben Sie eine Reihe von Entscheidungen getroffen. An welche wichtigen Entscheidungen können Sie sich erinnern? Würden Sie heute auch noch so entscheiden?

Beziehungen und Ehe

Welche Menschen waren Ihnen als erwachsene Person wichtig?

Welche Menschen waren Ihnen besonders wichtig?

Haben Sie geheiratet? Falls Ja: Wie war Ihr Mann/Ihre Frau? Falls Nein: Warum nicht?

Wie hat sich Ihre Ehe über die Zeit verändert?

Hatten Sie insgesamt eher eine glückliche oder unglückliche Ehe? Warum?

Beziehungen und Kinder

Haben Sie Kinder? Wann wurden sie geboren?

Wie haben Sie die Rolle des Vaters/der Mutter ausgefüllt?

Wie war es für Sie, als Vater/Mutter Verantwortung für Kinder zu haben?
Gab es wichtige Entscheidungen, an die Sie sich noch erinnern können?

Wie waren Ihre Kinder, als sie klein waren – und als sie groß geworden waren? Wie würden Sie Ihre Beziehung zu Ihren Kindern heute beschreiben?

Beziehungen und FreundInnen

Zu welchen Personen außerhalb der Familie hatten Sie als erwachsene Person eine besondere Beziehung?

Interessen

Welche Hobbys hatten Sie als erwachsene Person? Welche anderen Interessen?

Welche Rolle spielt Glaube und Spiritualität in Ihrem Leben? Wie war das früher, wie heute?

Wie würden Sie Ihren Glauben beschreiben?

In welcher Form haben Sie der nächsten Generation irgendetwas gegeben oder mitgeteilt?

Bedeutende Herausforderungen/ Schwierigkeiten

Welchen Herausforderungen sind Sie als erwachsene Person begegnet? Wie haben Sie diese bewältigt?

Gab es Todesfälle von Personen, die Ihnen wichtig waren? Gab es Verluste von wichtigen Menschen?

Gab es eine Krankheit oder Unfall, mit der Sie im Erwachsenenalter viel zu tun hatten?

Sind Sie oft umgezogen? Wie sind Sie damit umgegangen?

Kennen Sie Gefühle von Alleinsein und Verlassensein?

Gab es andere Notsituationen in Ihrem Erwachsenenalter?

Abschluss

Wir haben nun viel über Ihr Erwachsenenalter gesprochen. Gibt es noch eine andere Erinnerung, über die Sie gerne reden möchten?

Weisheit

Welche Weisheit(en) möchten Sie gerne an Ihre Kinder oder Angehörigen der nächsten Generation weitergeben?

CHECKLISTE SITZUNG 3
INTEGRATION

Datum	Name zuhörende Person

Thema/Arbeitsblatt	ja	nein	Begründung
Ergänzende Fragen zum Erwachsenenalter	○	○	
Das Thema der Sitzung erklären (Arbeitsblatt 1 „Zeitstrahl" verwenden)	○	○	
Liste mit Fragen zur Zusammenfassung, Evaluation und Integration (Leitfaden 3 verwenden)	○	○	
Liste mit positiven und negativen Ereignissen verwenden (Arbeitsblätter 2 und 3 verwenden)	○	○	

Bemerkungen

LEITFADEN 3
FRAGEN ZU ZUSAMMENFASSUNG, EVALUATION UND INTEGRATION

Diese Fragen dienen als Anregung, die der oder dem Erzählenden helfen kann, sich Gedanken über den Lebensrückblick zu machen.

Zusammenfassung und Bewertung des Lebens

In dieser Sitzung soll es um Ihr gesamtes Leben im Überblick gehen.

Was waren Ihrer Meinung nach die drei größten Befriedigungen in Ihrem Leben?

Was genau war an diesen drei Erlebnissen so befriedigend?

Zusammenfassung und Bewertung des Lebens

Was waren Ihrer Meinung nach die drei größten Enttäuschungen in Ihrem Leben? Warum?

Wenn Sie Ihr Leben noch einmal leben dürften: Was würden Sie noch einmal genauso machen? Was würden Sie ändern und wie?

Integration

Was finden Sie in der Lebensphase, in der Sie sich gerade befinden, am besten?

Was finden Sie in der Lebensphase, in der Sie sich gerade befinden, am schlechtesten?

Was ist Ihnen heute in Ihrem Leben besonders wichtig und wertvoll?

Zukunftsorientierung

Welche Hoffnungen und Wünsche haben Sie für die Jahre, die vor Ihnen liegen?

Welche Ängste haben Sie, wenn Sie auf die nächsten Jahre blicken?

Wenn Sie noch einmal die wichtigsten Entscheidungen Ihres Lebens betrachten: Wie zufrieden sind Sie damit?

Schlussfragen

Wie hat Ihnen dieser Lebensrückblick gefallen?

Möchten Sie noch irgendetwas ansprechen oder vorschlagen?